Leadership and Teamwork

리더십과 팀워크

정창현 · 남택근 · 남정길

이상인 · 이인길 · 김한결 · 박경민 공저

선박은 육지와 격리되어 소수의 인원이 제한된 공간 내에서 근무하기 때문에 다른 어떤 분야보다도 리더십과 팀워크가 반드시 요구되고 있다. 특히 선원의 구성이 다국적 선원들로 구성된 혼승선이 세계적으로 증가하고 있어 이러한 다문화 선원들이 함께 생활하는 선박에서는 더욱더 강조될 것이다.

문현
MUN HYUN

선박은 육지와 격리되어 소수의 인원이 제한된 공간 내에서 근무하기 때문에 다른 어떤 분야보다도 리더십과 팀워크가 반드시 요구되고 있다. 특히 선원의 구성이 다국적 선원들로 구성된 혼승선이 세계적으로 증가하고 있어 이러한 다문화 선원들이 함께 생활하는 선박에서는 더욱 더 강조될 것이다. 과거 수많은 선박들 중에는 선장의 리더십과 선원들의 팀워크가 빛을 비하여 100년이 넘도록 칭송받고 있는 선장이 있는가 하면 선장의 리더십 부재로 그렇지 못했던 사건들도 많이 있었다. 선박에 승선하는 승조원 개개인의 능력과 주변의 제한적인 인적자원과 물적 자원이 효율적으로 조화를 이루었을 때 안전하고 효율적인 선박운항이 이루어질 수 있을 것이다.

이러한 목적을 달성하기 위해 개발된 교육이 리더십 및 팀워크(Leadership and Teamwork) 교육이고, "안전하고 효율적인 항해를 위해 설정한 목표를 달성하거나 수행할 수 있도록 선교(기관실) 근무팀의 기술, 지식, 경험 및 이용 가능한 자원 모두를 활용하고 조정하는 능력을 배양하는 교육"이라고 정의하고 있다. 따라서 리더십 및 팀워크 교육은 인간의 태도변화를 위한 교육프로그램이므로 교육대상이 반드시 선교(기관실)근무자에게 한정하지는 않으며, 선박 운항과 관련된 모든 당사자에게 적용될 수 있는 교육이다.

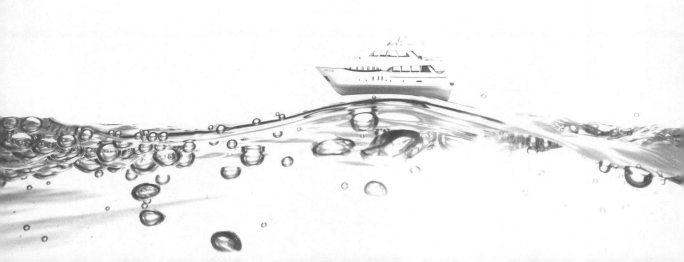

IMO는 2006년부터 STCW 95협약의 전면개정 작업을 진행하였고, 이를 통해서 2008년에 Leadership and Teamwork(BRM/ERM) 교육을 강제교육 사항으로 STCW 협약 A Code에 삽입하게 되었다. 그리고 2010년 STCW 마닐라 개정협약에 따라 리더십 및 팀워크(BRM/ERM) 교육의 적용 대상은 총톤수 500톤 이상의 항해선에 승무하는 운항급 항해사와 관리급 항해사 그리고 주기관 추진력 500kW 이상의 항해선에 승무하는 운항급 기관사와 관리급 기관사에게 적용되었다.

운항중인 선박에서 승무원들은 다양한 정보를 감자·지각하며 습득된 정보를 바탕으로 어떠한 행동을 하기 위해 의사결정을 하게 되며, 그러한 의사결정은 행동으로 옮기게 된다. 이러한 인지과정 중에 문제가 생길 때 승무원들은 실수를 범하게 되며 이는 사고로 연결되기도 한다. 본 과정인 'Leadership and Teamwork'에서는 선박운항과 관련된 다양한 인지과정에 대한 이론적·실무적 지식, 그리고 교육생의 인지를 높이기 위해 다양한 Case study를 제공하였다. IMO Model Course에서는 단순 필기나 구술 평가의 방법으로 교육생의 교육학습과정에 대한 평가를 지양하고, 과정 중 교육생의 참여정도, 과정의 이해도, 그룹과의 참여도 등을 통해 평가토록 제안하고 있다. 또한 과정 중 교육자가 교육생에게 학습과정에 대해 이해력이 떨어지거나 의도치 않은 다른 결과가 나왔을 때에도 적극적인 피드백과 조언을 제공해주길 권장하고 있다.

- 저자 씀 -

Contents

제1장 서론

<table>
<tr>
<td>학습 목표</td>
<td>

- 선박에서의 리더십 및 팀워크 교육 배경을 이해할 수 있다.
- IMO STCW협약 상 근거를 설명할 수 있다.
- 리더십 및 팀워크 교육의 특징을 설명할 수 있다.
</td>
</tr>
</table>

<table>
<tr>
<td>재료·자료</td>
<td>

- IMO STCW협약
- IMO 모델코스
</td>
</tr>
</table>

1. 교육의 목적 및 대상

1.1 교육의 목적

선박에서는 육지와 격리되어 소수의 인원이 제한된 공간 내에서 근무와 휴식을 취하게 된다. 선박 자체와 선박에 탑재된 화물의 가치가 선박 내 소수의 인원에 의해 빛을 발하거나 때에 따라서는 빛을 잃을 수 있다. 즉, 선박에 승선하는 승조원 개개인의 능력과 주변의 제한적인 인적자원과 물적 자원이 효율적으로 조화를 이루었을 때 안전하고 효율적인 선박운항이 이루어질 수 있다.

이러한 목적을 달성하기 위해 개발된 교육이 리더십 및 팀워크(Leadership and Teamwork) 교육이고, "안전하고 효율적인 항해를 위해 설정한 목표를 달성하거나 수행할 수 있도록 선교(기관실) 근무팀의 기술, 지식, 경험 및 이용 가능한 자원 모두를 활용하고 조정하는 능력을 배양하는 교육"이라고 정의할 수 있다. 동 교육은 인간의 태도변화를 위한 교육프로그램이므로 교육대상이 반드시 선교(기관실)근무자에게 한정하지는 않으며, 선박 운항에 관련된 모든 당사자에게 적용될 수 있는 교육이다.

1.2 교육의 대상

IMO는 2006년부터 STCW 95협약의 전면개정 작업을 진행하였고, 이를 통해서 2008년에 Leadership and Teamwork[1](BRM/ERM) 교육을 강제교육 사항으로 STCW 협약 A Code에 최초로 삽입하게 되었다. 그리고 2010년 STCW 마닐라 개정협약에 따라 리더십 및 팀워크(BRM/ERM) 교육의 적용 대상은 총톤수 500톤 이상의 항해선에 승무하는 운항급 항해사와 관리급 항해사 및 주기관 추진력 500kW 이상의 항해선에 승무하는 운항급 기관사와 관리급 기관사에게 적용되었다.

STCW 2010 마닐라 개정협약에 따라 기존의 해기사는 2016년 12월 31일까지 리더십 및 팀워크(Leadership and Teamwork) 교육을 이수하여야 하며, 2017년 1월 1일 이후 해기교육기관 졸업생은 정규교육과정 수료 시 해당 교육을 반드시 이수하여야 한다.

2. STCW협약상 근거

리더십 및 팀워크 교육의 근거는 STCW Code A-II/1 총톤수 500톤 이상의 선박에서 항해당직을 담당하는 해기사의 자격증명에 관한 강제적 최저요건, A-III/1 유인기관실에서 기관당직을 담당하는 해기사 또는 정기적 무인기관실에서의 지정 당직기관사에 대한 해기능력의 최저기준, A-III/6 전자기관사에 대한 해기능력의 최저기준에서 찾아 볼 수 있다.

---

1) 기존의 BRM(bridge resource management) 및 ERM(engine resource management) 교육과 리더십 및 팀워크 교육이 혼용되었고, IMO모델 코스의 리더십 및 팀워크는 BRM 및 ERM의 교육내용(K: knowledge, U:Understanding, P:Proficiency)을 포함하고 있다.

〈표 1-1〉 리더십 및 팀워크의 적용

Competence	Knowledge, Understanding and Proficiency	Methods for demonstrating competence	Criteria for evaluating competence
리더십 및 팀워크의 적용	· 선상 인사관리 및 교육에 대한 지식 · 국제해사협약과 권고사항 그리고 국내법과 관련 있는 지식 · 다음을 포함하여 업무에 적용할 능력과 업무량 관리 　- 계획과 협력 　- 인원배치 　- 시간과 자원의 제약 　- 우선순위 · 효율적인 자원관리에 적용할 지식과 능력 　- 자원의 배분, 할당 및 우선순위 　- 선내 및 육상에서의 효율적인 의사전달 　- 팀 경험의 고려가 반영된 결정 　- 동기부여를 포함한 자기주장과 통솔력 　- 상황에 대한 인지와 유지 · 의사결정 기술에 적용할 지식과 능력 　- 상황과 위기의 평가 　- 주어진 상황의 식별과 검토 　- 이행절차 선택 　- 결과의 효과에 대한 평가	다음 중 하나 이상에서 수집한 증거의 평가 1. 승인된 훈련 2. 승인된 현장 경력 3. 실질적인 증명	· 선원들에게 임무가 할당되어야 하고 예상되는 업무와 행동수준에 대해 관련 개개인에게 적절한 방법으로 공지할 것 · 훈련의 목적과 활동은 현 해기능력과 역량 그리고 작업상의 요구조건의 평가에 기반을 둘 것 · 해당되는 규칙에 의해서 작업은 증명될 것 · 작업은 계획되어야 하고 자원들은 필수적인 업무를 수행하기 위해 정확하게 우선권에 따른 필요에 따라 할당될 것 · 의사전달은 명확하고 분명하게 주고 받을 것 · 효율적이고 통솔력있는 행동이 증명될 것 · 필수적인 팀 구성원들은 현재 그리고 예상되는 선박의 상태와 운항 현황 및 외부 환경에 대한 정확한 이해를 공유할 것 · 결정은 상황에 따라서 가장 효율적이어야 함

3. IMO Model Course(1.39)에 의한 교과목

IMO 모델코스(1.39)에서 언급하고 있는 리더십 및 팀워크의 주요한 교육 내용은 다음 〈표 1-2〉와 같다.

〈표 1-2〉 리더십 및 팀워크의 교육내용과 시간

교육내용	교육시간
1. 교육과정의 전반적인 소개	1.0
2. 국제해사협약과 관련 국내법의 이해 　- 국제해사협약: SOLAS, MARPOL, STCW, MLC, IMO 등 　- 권고 및 국내법	1.0
3. 선상인적자원 관리 및 훈련에 대한 지식 　- 선상 조직 및 책임 　- 문화적 인식 및 소통 　- 비공식 조직 　- 인적의 실수 및 상황인식 　- 리더십 및 팀워크 　- 선상 훈련 프로그램	5.0
4. 과업 및 업무량 관리 　- 계획과 조정 　- 개인업무 배정 　- 인간의 한계, 개인의 능력 　- 시간 및 자원의 제약 　- 업무량, 휴식 및 피로 　- 이의제기 및 수용	4.0
5. 효율적인 자원관리 　- 선박과 육상간의 효율적인 의사소통 　- 우선순위 결정 　- 자원의 배치 및 지정 　- 작업성과의 평가 　- 장기 및 단기 전략	4.0
6. 의사결정에 적용할 지식과 능력 　- 위험성 평가 　- 행동방침 선택 　- 성과 평가 　- 의사결정 기술 　- 권위 및 자기주장 　- 판단 　- 비상 및 군중 관리	4.0
7. 결론 　- 교육내용 평가 　- 개인평가	1.0
합계	20.0

4. 상세 교육 프로그램

1.3절에서 설명한 리더십 및 팀워크 교육의 세부적인 교육 내용은 다음과 같다.

Knowledge, understanding and proficiency
1. 소개 및 등록
1.1   과정의 목적 및 프로그램의 개요
선상 인사관리 및 교육에 대한 지식
2. 선상 조직, 권한 구조, 책임
2.1   전형적인 선상 조직
2.2   관리급의 업무 상세
2.3   운항급의 업무 상세
2.4   보조급의 업무 상세
2.5   선상 지휘 계통
3. 문화적 인식, 고유한 문화특징, 태도와 행동, 문화간 소통
3.1   문화적 인식
3.2   문화의 성향
3.3   성향과 태도, 행동 사이의 연관성
3.4   선상 문화간 소통을 위한 주의점
4. 선상 상황, 선상에서의 비공식 사회 조직(informal social structure)
4.1   다문화 선원간의 일반적인 비공식 조직 묘사
4.2   선박에서의 비공식 조직 허용
4.3   문화간 관계 개선 행동
5. 인간의 실수, 상황인식, 자동화기기 인식, 안일함, 지루함
5.1   직접원인과 간접 원인의 설명
5.2   누락과 부적절한 행위의 설명
5.3   전형적인 error chain의 묘사 및 설명
5.4   상황인식의 설명 및 이것의 선상 예시
5.5   Near miss후의 행동에 대한 설명
5.6   자동화, 안일함 및 지루함 사이의 연결 설명
5.7   안일함과 지루함의 처리를 위한 행동 설명
6. 리더십과 팀워킹
6.1   기능적 및 지정된 리더십 설명
6.2   자기인식, 상황인식, 대인관계술, 동기부여 및 존중을 포함한 리더십 자질
6.3   인격가면, 자신감, 확고함 및 감정 지능 적용을 포함한 리더십의 특징 설명
6.4   예를 통한 리더십, 기대감 설정, 감독 위임을 포함한 리더십 기법 설명
6.5   팀과 그룹 행동의 차이점 및 장점 설명
6.6   선박운용에서 team 접근의 장점 설명
6.7   standing team과 mission 또는 task사이의 차이점 정리
6.8   선박에서의 "팀의 한 사람(team of one)" 설명
6.9   좋은 팀 의사소통의 특색 정리

Knowledge, understanding and proficiency
7. 훈련, 구조화된 선상 훈련 프로그램
7.1 구조화된 선상 교육의 중요성 설명
7.2 구조화된 선상 교육의 효과적인 적용 설명
7.3 구조화된 선상 교육의 제공을 위한 사관의 책임 설명
7.4 멘토링과 코칭 설명
7.5 선상훈련프로그램을 통한 교육생의 향상의 평가 묘사
7.6 교육생의 향상에 대한 기록과 보고 묘사
7.7 구조화된 선상 교육 프로그램에 대한 회사의 참여 묘사
7.8 선박의 운항 필요에 따라 훈련 프로그램이 수정되어야 함을 설명
국제해사협약, 권고 및 국내법에 대한 지식
8. 국제해사협약
8.1 ISM Code 및 ISPS Code를 포함한 SOLAS 협약 설명
8.2 MARPOL 협약의 목적, 역사 및 적용
8.3 STCW 협약의 목적, 역사 및 적용 그리고 HTW sub-committee의 역할 설명
8.4 MLC 협약의 목적, 역사 및 적용 설명
8.5 해사협약에 대한 IMO의 역할 설명
8.6 해사협약에 대한 ILO의 역할 설명
8.7 해사협약에서 IMO와 ILO 어떻게 협력하는지 설명
8.8 어떻게 협약의 내용이 적용되는지 설명
8.9 해사협약의 적용에서 기국의 역할 설명
8.10 해사협약의 적용에서 항만당국의 역할 설명
9. 권고 및 국내법
9.1 권고와 규정이 어떻게 다른지 설명
9.2 피로의 감소에 대한 IMO 지침 설명
9.3 safe manning 및 지침과 그것의 적용에 대한 IMO 원칙 설명
9.4 인적요소를 다루는 권고 및 기국법의 예시
작업 및 작업관리 적용 역량
10. 계획 및 조정
10.1 개인 및 단체에 있어서 계획 수립의 의미 설명
10.2 계획 수립 성과의 측정에 대한 설명
10.3 계획 수립 성과에 대한 피드백의 역할 설명
10.4 조정의 정의
10.5 선내 조정에 대한 예시
11. 개인 업무 배정
11.1 개인 업무 배정의 의미 설명
11.2 선내 개인 업무 배정에 대한 예시
12. 인간적 한계
12.1 피로도, 오해, 자기만족 등과 같은 일반적 인간 한계성 설명
12.2 기술사용을 포함한 인간의 한계성을 조사하는 선내 활동
12.3 초과 인간적 한계를 나타내는 지표 설명

Knowledge, understanding and proficiency

12.4	선원이 인간적인 한계를 넘는 것을 피하기 위해 취해야 할 단계
12.5	인간적 한계를 넘길 수 있는 잠재적인 압박 및 부담
12.6	스트레스
12.7	STCW 2011 '적절한 근무' 요건에 대한 개요

13. 시간 및 자원 제약

13.1	시간의 제약성에 관한 예시
13.2	시간 제약을 야기 시키는 요소
13.3	선내에서 시간의 제약성에 관해 주지시키는 일반적인 방법
13.4	자원의 제약성에 관한 예시
13.5	자원의 제약 야기 요소
13.6	선내에서 자원의 제약성에 관해 주지시키는 일반적인 방법

14. 개인역량

14.1	효과적 리더십과 팀워크를 위한 개인특성
14.2	리더십과 팀워크를 위한 개인 능력
14.3	개인 특성을 관리하고 강화하는 방법
14.4	선내에서 리더십과 팀워크를 위해 개인적으로 기여하기 위한 방법 설명

15. 우선순위 결정

| 15.1 | 우선순위 결정에 관한 예시 |
| 15.2 | 우선순위 결정의 중요성 설명 |

16. 업무량, 휴식 및 피로

16.1	자선 업무량 설명
16.2	과도한 업무량의 위험성에 대한 설명
16.3	낮은 업무량의 단점 설명
16.4	업무량 평가 방법에 대한 설명
16.5	적절한 업무량의 보장 방법 설명
16.6	선원의 적절한 휴식의 보장 방법 설명
16.7	휴식시간 기록 설명
16.8	피로 증상 설명
16.9	피로가 얼마나 심각한 결과를 야기하는지 설명
16.10	피로 관리 가이드라인과 규정에 대한 예시

17. 관리(리더십) 스타일

17.1	리더십과 관리가 어떻게 다른지 설명
17.2	지정된 리더십 및 기능상의 리더십에 대한 예시 및 설명
17.3	리더십 자질 설명
17.4	리더십 테크닉 설명
17.5	효과적인 리더십의 인물 개발 설명
17.6	리더가 '정직한 자기평가를 가지는 것'에 대한 필요성 설명

Knowledge, understanding and proficiency
18. 이의제기 및 수용
18.1   구성원들 간의 '이의제기 및 수용'의 의미 설명
18.2   이의제기와 수용 분위기가 항상 적절하지는 않는 이유 설명
18.3   권위주의적 접근이 정당화되는 시기 언급
18.4   지휘 계통의 설명
효율적 자원관리에 적용할 지식 및 능력
19. 선상 및 육상의 효율적인 의사소통
19.1   효율적인 의사소통의 기본 설명
19.2   의사소통 시스템의 주요한 구성 언급
19.3   효율적인 의사소통의 장애물 언급
19.4   의사소통의 4가지 기법에 대한 설명
19.5   효율적인 의사소통 기술의 설명
19.6   선박의 조종할 때 왜 closed loop 의사소통이 사용되는지 설명
19.7   해상에서 공통적으로 사용하는 의사소통 프로토콜 설명
19.8   내부 및 외부 의사소통의 예시
19.9   육상사람과의 의사소통이 선상에서의 의사소통과 어떻게 다른지 설명
19.10 좋은 의사소통 환경을 만들기 위한 필요한 사항 설명
20. 자원의 배정, 지정 및 우선순위
20.1   해상에서 선박에서 관리되어야 하는 자원 개요
20.2   관리되는 자원을 어떻게 사용하는지에 대한 설명
20.3   선상 자원의 배정, 지정 및 우선순위 예시
21. 팀의 경험을 반영한 의사결정
21.1   팀으로부터 최고의 결과를 얻는 방법 설명
21.2   능력에 따른 작업기반의 배정 설명
21.3   좋은 팀워크와 리더십은 불가분의 관계임을 설명
21.4   훌륭한 리더십이 어떻게 팀을 역동적으로 만들 수 있는지 설명
22. 동기부여를 포함한 자기주장 및 리더십
22.1   초급사관에게 요구되는 리더십 설명
22.2   독단적인 리더십이 효율적이지 않을 수 있는 이유 설명
22.3   개인 또는 팀이 어떻게 동기부여가 되고 동기부여가 되지 않는지 설명
23. 상황인식 인지 및 유지
23.1   당직중의 상황인식의 예시
23.2   당직중의 상황인식 부족에 대한 예시
23.3   현대의 발전한 전자기기가 어떻게 상황인식의 부족을 야기할 수 있는지 설명
23.4   피로와 상황인식 사이의 위험한 연관 설명
24. 작업성과 평가
24.1   작업성과를 어떻게 평가 하는지 설명
24.2   효율적인 작업성과 평가의 이점 언급
25. 장·단기전략
25.1   전략의 정의

Knowledge, understanding and proficiency
25.2 효율적인 선상 자원 관리에서 단기 전략의 역할 설명
25.3 언제 단기 전략의 사용이 필요한지 설명
25.4 효율적인 선상 자원 관리에서 장기 전략의 역할 설명

의사결정 기술에 적용할 지식과 능력

26. 상황 및 위험성 평가

26.1 어떻게 상황을 인식하는지 설명하고 예시 제시
26.2 상황인식의 주요한 특징 언급
26.3 상황인식이 어떻게 취약할 수 있는지 설명
26.4 위험성 정의
26.5 상황인식과 위험성의 관계 설명
26.6 위험성이 어떻게 평가되는지 설명
26.7 위험성이 어떻게 관리되는지 설명
26.8 위험성관리에서 위험성 평가의 역할 설명
26.9 의사결정에서 상황과 위험성 평가의 역할 설명

27. 생성된 옵션 식별 및 고려

27.1 가능한 옵션의 고려에 대한 예시
27.2 옵션이 어떻게 생성될 수 있는지 설명
27.3 옵션의 생성에서 리더십의 역할 설명

28. 행동방침 선택

28.1 가장 적절한 행동방침의 식별에 대한 책임 언급
28.2 가장 적절한 행동방침의 식별의 고려 설명

29. 성과 효율성 평가

29.1 선상행동지침의 성과 예시
29.2 어떻게 행동지침의 성과를 평가하는지에 대한 설명
29.3 성과가 평가된 후 가능한 후속행동 설명

30. 의사결정 및 문제해결 기법

30.1 문제해결 기술의 설명 및 예시

31. 권위 및 자기주장

31.1 다양한 형태의 권위 설명
31.2 선상에서 찾을 수 있는 권위의 형태 묘사
31.3 자기주장의 의미
31.4 선상상황에서 독선의 정당화 설명

32. 판단

32.1 판단의 의미
32.2 현실판단과 가치판단의 차이점 설명
32.3 선상에서 사용하는 판단의 예시 제시

33. 비상 및 군중 관리

33.1 가장 일반적인 선상 비상상황의 설명
33.2 비상상황인 경우 리더십 요건 언급
33.3 선상비상상황을 위한 준비 묘사

평가 및 태도 변화

평가

• 평가자는 평가 내용에 제시되어 있는 내용을 성공적으로 수행할 수 있는지를 평가해야 한다.

• 평가자는 다음 사항을 평가해야 한다.

학습 내용	평가 항목	성취수준		
		상	중	하
리더십 및 팀워크의 교육 배경	- 리더십 및 팀워크 교육 배경을 발표할 수 있다.			
관련 협약의 이해	- 관련 국제협약 내용을 작성/발표할 수 있다.			
	- 관련 국내법의 내용을 발표할 수 있다.			
리더십 및 팀워크 교육 내용	- 리더십 및 팀워크의 교육 내용 분류를 이해할 수 있다.			
	- 리더십 및 팀워크 세부 교육내용을 이해할 수 있다.			

태도 변화

• 지금까지의 학습내용을 정리하면서 나의 변화를 위한 내용들을 정리해 봅시다.

새로 할 것 / 개선해야 할 것	버려야 할 것 / 줄여야 할 것

제2장 국제해사협약 및 관련 국내법

<table>
<tr><td rowspan="6">학습 목표</td><td>■ 주요 IMO 해사협약의 내용을 설명할 수 있다.</td></tr>
<tr><td>■ 주요 ILO 해사협약의 내용을 설명할 수 있다.</td></tr>
<tr><td>■ 국제기구의 구조 및 역할을 설명할 수 있다.</td></tr>
<tr><td>■ 국제협약의 국내법 수용에 대해 설명할 수 있다.</td></tr>
<tr><td>■ 권고적 성격의 IMO 문서를 설명할 수 있다.</td></tr>
<tr><td>■ 인적요인과 관련된 국내법의 예를 설명할 수 있다.</td></tr>
</table>

<table>
<tr><td rowspan="2">재료·자료</td><td>■ 국제해사협약</td></tr>
<tr><td>■ 국내법</td></tr>
</table>

1. 국제해사협약

1.1 SOLAS 협약 관련

Model Course 요건 : ISM Code 및 ISPS Code를 포함한 SOLAS 협약을 설명한다.

1) SOLAS 협약

1912년 타이타닉호 사고를 계기로 선박의 구조와 설비 등에 대해서 국제적으로 통일된 원칙과 규칙을 통해 해상에서의 인명의 안전을 증진하는 것을 목적으로 1914년에 SOLAS협약이 채택되었다. 현재 협약의 모습은 1960년 협약내용을 수용하고 국제해상충돌방지규칙(Convention on the International Regulations for Preventing Collisions at Sea, 1972)이 분리되어 별도의 협약으로 발전하게 됨에 따라 1974년 새로운 SOLAS협약(International Convention for the

Safety of Life at Sea, 1974)을 채택하게 된다. 이 협약의 내용으로서는 선박검사와 증서, 선박의 구조에 대한 구획과 복원성 그리고 기관과 전기설비, 화재탐지 및 방화, 소화 및 구명설비, 무선통신, 항행의 안전, 화물의 운송, 위험물의 운송, 원자력선 등에 대해 규칙을 규정하고 있다.

그동안 IMO는 대형 해양사고와 해양오염방지를 위하여 선체의 구조와 설비의 규정화에 주력하여 왔으나, 최근 인적요인(Human element)의 중요성과 선박의 운항 및 해상보안의 강화 필요성이 강조되면서 이들 사항을 별도의 협약으로 제정하기 보다는 기존의 SOLAS 협약을 개정하는 방식으로 수용하였다. 그 결과 제9장의 선박의 안전운항을 위한 관리(ISM Code)와 제 11-2장의 해상보안 강화를 위한 특별조치(ISPS Code)가 협약에 포함되었다.

[타이타닉호 침몰사고]

타이타닉호는 총톤수 46,328톤의 초대형 여객선으로 영국 사우스햄턴항을 출항하여 미국 뉴욕항으로 첫 항해 도중에 사고가 발생했다. 1912년 4월 15일 새벽 2시 20분경 뉴펀들랜드 동남방 375마일 해상에서 유빙과 충돌하여 침몰하였다. 당시 이 선박에는 2,223명의 승객이 승선하고 있었고 이 가운데 1,517명이 사망·실종되는 역사상 최악의 해양사고가 발생하였다.

이 사고 이후 1914년 영국 런던에서 해상안전 확보에 관한 여러 가지 문제점을 해결하기 위한 국제회의가 개최되어 해상에서의 인명안전을 위한 국제협약(SOLAS, International Convention for the Safety of Life at Sea)을 채택하였다. 이 때 채택된 국제협약은 이후 선박기술의 발전에 따라 지속적으로 개정이 이루어지고 있다. 특히 사고 당시 타이타닉호의 구명정은 20척만이 비치되어 승선정원의 50%만을 수용할 수 있는 정도였다. 새롭게 채택된 SOLAS에서는 모든 여객선의 경우 전 승선인원이 100% 탑승할 수 있도록 구명정을 배치하도록 하고 있으며, 추가로 정원의 25%를 수용할 수 있는 구명뗏목도 배치하여 만일의 사태에 대비하도록 규정을 제정하였다. 또한 영하의 추운 날씨 속에서 바다에 빠진 사람이 급격한 체온상실로 생명을 잃었고 구명정에 간신히 탑승한 사람도 체온을 잃어 사망한 경우가 있었다. 이에 따라 SOLAS에서는 개인용 방수복 및 보온복을 비치하도록 하고 있으며 구명정의 구조도 밀폐형 또는 부분 밀폐형으로 하도록 하였다. 또한 SOLAS에서 여객선의 경우 매주 퇴선훈련을 하도록 강제화하였고 모든 승무원이 훈련에 참여하도록 규정하였다.

〈표 2-1〉 SOLAS 협약 주요 내용

Chapter(장)		주요 내용
1	일반 규정	적용(국제항해), 정의, 적용 제외 선박(군함 등), 검사, 증서의 발급 및 효력 등에 관한 규정
2-1	건조 - 구조, 구획 및 복원성, 기관 및 전기설비	선박의 구조, 구획 및 복원성, 기관, 전기, 각종 설비 등에 관한 규정
2-2	건조 - 방화, 화재탐지 및 소화	화재의 탐지 및 차단, 구조 격벽, 소화, 방화 등에 관한 규정
3	구명설비 및 장치	구명설비 및 장치, 비상훈련 등에 관한 규정
4	무선통신	무선설비의 설치 및 성능기준 등에 관한 규정
5	항해 안전	항해 경보, 선박 보고 제도, 항해 보조 설비의 설치, 항해자료 기록기, 조타장치의 작용, 위험통보 등에 관한 규정
6	화물 및 연료유의 운송	화물정보의 제공, 적부 및 고박 등에 관한 규정
7	위험물의 운송	위험물(IMDG 코드 적용 물질) 운송 요건, 적부 및 격리 등에 관한 규정
8	원자력선	방사선에 대한 안전, 특별한 감독 등에 관한 규정
9	선박의 안전 운항을 위한 관리	ISM 코드 강제화, 안전관리요건 및 상태의 유지 등에 관한 규정
10	고속선의 안전조치	고속선의 안전을 위한 고속선(HSC 코드) 요건 등에 관한 규정
11-1	해상안전 강화를 위한 특별조치	강화된 검사(검사 강화제도 코드), 선박식별번호, 선박이력기록부 등에 관한 규정
11-2	해상보안 강화를 위한 특별조치	ISPS 코드 강제화, 보안과 관련한 당사국 정부의 의무사항, 선박 및 회사의 요건, 항만시설 요건 등에 관한 규정
12	산적화물선에 대한 추가조치	산적화물선의 손상복원성 요건, 구조강도, 검사 및 정비, 적하지침기기 등에 관한 규정
13	준수에 대한 검증	협약에 대한 의무 및 책임, 협약의 준수 등에 관한 규정
14	극지해역을 운항하는 선박들에 대한 안전조치	극지해역을 운항하는 선박들에 대한 요건 등에 관한 규정

2) ISM 코드

선박의 안전운항과 해양오염방지를 위하여 모든 선박회사와 선박은 선박안전관리를 위해 국제안전경영코드(International Safety Management Code; ISM)가 요구하는 국제적으로 통일된 안전관리체제를 기준으로 하여 각 회사와 선박의 실정에 따라 적절히 안전관리시스템을 구축하도록 요구하고 있다. 회사와 선박은 이 코드에서 규정하고 있는 12개의 요소를 반영한 시스템을 통해 인적요인으로 발생할 수 있는 해양사고를 방지함으로써 선박의 안전운항 및 환경보호를 달성할 수 있다.

〈표 2-2〉 ISM 코드 주요 내용

조항	조항	요소 항목	내용
A편 시행	1	일반사항	정의, 목표, 적용, 안전경영시스템(SMS)의 기능적 요건, 안전관리의 목표를 정하고, 안전관리 시스템을 구축하여 실행하고 유지할 것
	2	안전 및 환경보호 방침	회사의 안전관리목표를 달성하기 위한 방침을 수립하고, 이 방침이 실행되고 유지됨을 보장할 것
	3	회사의 책임과 권한	선박안전과 환경보호에 관련된 업무를 수행하는 자들의 책임 및 상호관계를 규정하고 문서화 할 것
	4	안전경영책임자	선박의 안전운항을 보장하고, 선박과 최고 경영자와의 교량역할을 위한 책임자를 지정할 것
	5	선장의 책임과 권한	선상안전활동에 관한 선장의 책임과 권한 및 재량권을 분명히 하여 문서화 할 것.
	6	자원 및 인원	선장을 포함한 자격 있는 선원을 배승하고, 교육·훈련하고, 선상안전활동을 위해 필요한 인적, 물적, 기술적 자원을 제공할 것
	7	선박 운항을 위한 계획의 개발	선박의 안전운항과 오염방지에 관한 필수적인 선박업무를 위한 계획 및 지침(필요시 점검표 포함)을 준비하기 위한 절차를 수립할 것
	8	비상대책	선박에서 발생할 수 있는 잠재적인 비상상황을 식별하고 대응하기 위한 절차를 수립하고 비상대응을 위한 훈련, 연습프로그램을 수립하고 교육, 훈련할 것
	9	부적합사항, 사고 및 위험상황에 대한 보고 및 분석	안전관리시스템 실행과정에서 발견된 부적합사항, 사고 및 위험상황 등을 회사에 보고되고 분석하여 개선하는 절차와 시정조치를 하기 위한 절차를 수립할 것
	10	선박 및 설비의 정비	강제법규 및 규정에 의해 선박 및 설비의 주기적 검사, 부적합사항의 원인색출 및 보고, 시정조치를 할 것
	11	문서화	안전관리시스템에 관련된 모든 문서 및 자료를 관리하는 절차를 수립하고 유지할 것

조항	조항	요소 항목	내용
	12	회사의 검증, 검토 및 평가	구축된 시스템에 따라 업무수행이 이루어지는지를 내부 감사하고, 시스템의 효율성을 검토, 평가할 것
B편 증서 발급 및 검증	13	증서발급 및 정기적 점검	감독관청은 회사와 선박을 심사하고 증서를 발급하고, 정기적으로 감사할 것
	14	임시증서발급	주관청은 임시증서발급 대상선박을 심사하고 증서를 발급할 것
	15	검증	모든 검증은 주관청이 인정하는 절차에 따라서 수행할 것
	16	증서의 양식	증서는 영어 또는 불어가 아닌 경우 이들 중 하나로 번역할 것

[헤럴드 어브 프리 엔터프라이즈호 전복사고]

헤럴드 어브 프리 엔터프라이즈호는 영국 국적으로 총톤수 7,950톤, 길이 131.9미터, 폭 23.2미터, 22노트로 1,300명의 여객을 수송할 수 있는 카페리선박이었다.

헤럴드 어브 프리 엔터프라이즈호는 1987년 3월 6일 80명의 승무원과 459명의 여객, 81대의 자동차, 3대의 버스, 47대의 트럭을 싣고 지브리그항을 출항하였다. 그러나 출항한 지 불과 23분여만에 복원성을 잃고 모래톱(Sandbar)에 걸쳐져 전복되었다. 이 사고로 193명의 여객과 승무원이 사망하였다.

이 사고의 원인은 선수부에 있는 문을 닫지 않고 출항하여 이 문을 통해 해수가 유입되어 복원성을 잃은 것으로 밝혀졌다. 선수문 작동 책임은 보조갑판장에게 있었으나 배가 출항할 당시 갑판에 있지 않고 침실에서 휴식을 취하고 있었던 것으로 밝혀졌다. 다른 승무원은 선수문이 닫혔는지 확인했어야 했는데 보조갑판장이 할 것이라고 막연히 생각했고, 1등 항해사도 최종 확인을 했었어야 했는데 미처 선수문이 닫혔는지 확인을 하지 않고 갑판을 떠났다. 또한 선박의 구조상 선교에서 선장은 선수문이 닫혔는지 볼 수 없게 되어 있었다.

이 사고를 계기로 국제해사기구(IMO)에서는 사고원인을 분석하였다. 그 결과 사고의 80% 이상이 인적요인에 의하여 발생하는 것으로 나타났다. 이러한 인적요인에 의한 해상에서의 사고방지를 위한 대책을 마련하였는데 그것이 바로 국제안전관리규약(ISM Code)이다. 즉 국제안전관리규약은 해상안전 및 해양환경을 보호하기 위해 선박의 물리적 안전성과 선원의 자질 향상뿐만 아니라 해운기업의 육·해상 모든 부서를 망라한 안전관리시스템을 수립하여 시행하도록 한 것이다.

이에 IMO는 1993년 10월 총회 결의서 741호를 통해 '국제안전관리규약'을 채택하고 각 국 정부로 하여금 이를 시행토록 권고하였으며, 1994년 5월 ISM Code의 전면적이고 조속한 시행을 강제화하기 위하여 국제해상인명안전협약(SOLAS) 당사국 회의에서 ISM Code를 SOLAS 제9장으로 제정하였다. SOLAS 제9장의 제정으로 ISM Code는 1998년부터 모든 비준국가에서 단계적으로 적용하여 1998년 7월 1일부터 모든 여객선, 500톤 이상의 유조선, 케미컬탱커, 가스운반선 산적화물운반선, 고속화물선에 적용하고 기타 500톤 이상의 모든 화물선 및 이동식 해양구조물에는 2007년 7월 1일부터 적용되었다. 또한 이 사고로 1988년 4월 SOLAS 부속서 제Ⅱ-1장의 선수문(bow door) 개폐지시기, 예비 조명등 및 감시장치 등에 관한 개정을 채택하였고, 10월에 부속서 제Ⅱ-1장 및 Ⅱ-2장의 여객선에 대한 손상복원성, 적화문 폐쇄, 복원성 자료 등을 새롭게 규정하였다.

3) ISPS 코드

국제 선박 및 항만시설 보안 코드(the International Ships and Port Facility Security Code; ISPS Code)는 2001년 9.11 미국 항공기 테러 이후 국제사회의 테러에 대한 심각성을 인식하고 LPG 및 LNG를 포함한 해상화물 운송선박 및 항만시설에 대한 해상테러 가능성에 대비하기 위한 목적으로 제정되었으며, 이 코드에 따라 국제항해에 종사하는 선박, 관리회사 및 선박이 접안하는 항만시설은 보안사건에 대비하여 보안책임자를 지정하고 보안등급별 대응 조치를 마련하도록 규정하고 있다.

〈표 2-3〉 ISPS 코드 주요 내용

조항	조항	요소 항목	내용
A편	1	일반사항	코드의 목적과 목적 달성을 위한 기능적 요건
	2	정의	용어 정의
	3	적용	적용 대상
	4	당사국 정부의 책임	보안등급 설정, 지침 제공 등 당사국 정부의 책임
	5	보안선언서	보안선언서 제출, 회신 등에 관한 사항
	6	회사의 의무	선박보안계획서에서 선장의 책임과 권한 명시
	7	선박보안	보안등급에 따른 선박에서의 조치사항
	8	선박보안평가	선박보안평가의 수행 및 포함 요소
	9	선박보안계획서	선박보안계획서의 비치 및 포함 내용
	10	기록	선박보안활동에 대한 기록
	11	회사보안책임자	회사보안책임자의 의무와 책임 및 지정
	12	선박보안책임자	선박보안책임자의 의무와 책임 및 지정
	13	선박보안의 교육, 훈련 및 연습	회사보안책임자 및 선박보안책임자에 대한 교육, 훈련의 실시
	14	항만시설보안	보안등급에 따른 항만에서의 조치사항
	15	항만시설보안평가	항만시설보안평가의 수행 및 포함 요소
	16	항만시설보안계획서	항만시설보안계획서의 비치 및 포함 내용
	17	항만시설보안책임자	항만시설보안책임자의 의무와 책임 및 지정
	18	항만시설보안에 관한 교육, 훈련 및 연습	항만시설보안책임자 및 보안요원의 교육, 훈련의 실시
	19	선박의 심사 및 증서 발급	심사 및 증서의 발급
B편	1~19	동일함	A편(강제요건)의 규정에 관한 지침서

1.2 MARPOL 협약

해양사고로 인해 발생하는 해양오염의 관심은 1950년 초반 유럽 등 선진국을 중심으로 이루어졌으며, 1954년 세계 최초의 선박 기인 오염물질 규제를 위한 다자조약인 OILPOL (International Convention for the Prevention of the Sea by Oil)협약이 제정되었다. 그러나 IMO 및 국제사회는 1967년 토리캐년호 사건을 계기로 OILPOL 협약이 해양오염 방지와 시대적 요구사항을 반영하는데 있어 한계점이 있음을 인식하고 MARPOL 73협약을 채택하였으며, 1978년 이 협약의 개정의정서를 채택하여 현재의 MARPOL 73/78협약(International Convention for the Prevention of Pollution from Ships, 1973, as modified by the Protocol of 1978 relating thereto)에 이르게 되었다.

현재의 MARPOL 73/78협약은 협약 본문 이외에 선박 기인 오염물질별로 세부적인 배출기준, 배출설비 및 구조적 요건, 특별해역 및 육상 양륙설비 등의 규정을 담고 있는 총 6개의 부속서를 담고 있다. 선박에서 발생하는 해양오염물질의 처리는 육상도 관여하고 있지만 대부분이 선내의 선원들에 의해서 이루어지고 있기 때문에 선원들에 의해서 발생할 수 있는 해양오염 방지 및 적절한 대응을 위해 선내에는 선상기름오염비상계획서(부속서 I), 폐기물관리계획서(부속서 V) 및 각종 오염방지설비에 관한 지침을 비치하도록 요구하고 있다. 이와 관련된 업무를 담당하는 선원들은 ISM Code 제6조에 따라 적절한 업무능력을 갖추도록 교육 및 훈련 등이 안전관리시스템에 반영되어야 한다.

〈표 2-4〉 MARPOL 협약 주요 내용

부속서	규 칙	발효일
I	기름에 의한 오염의 방지를 위한 규칙	1983. 10. 24
II	산적 유해액체물질에 의한 오염 방지를 위한 규칙	1987. 4. 6
III	포장된 형태로 선박에 의하여 운송되는 유해물질에 의한 오염방지를 위한 규칙	1992. 7. 1
IV	선박으로 부터의 분뇨에 의한 오염방지를 위한 규칙	2003. 9. 27
V	선박으로부터의 폐기물에 의한 오염방지를 위한 규칙	1988. 12. 31
VI	선박으로부터의 대기오염방지를 위한 규칙	2005. 5. 19

유조선 토리 캐니언(Torrey Canyon)호는 1959년 LR2(Suexmax) 타입으로 총톤수 6만톤 크기로 건조되었다. 그러나 원유의 수요가 급증하여 일본에서 12만톤 크기로 당시 세계에서 두 번째로 큰 선박으로 개조되었다.

이 선박은 1967년 3월 18일, 12만톤급 대형 유조선 토리 캐니언호가 원유 약 12만톤을 싣고 영국 남서부인 란즈엔드 곶의 동쪽에 있는 실리섬을 통과할 예정이었다. 하지만, 조류가 심해 항로가 예정항로의 동쪽으로 밀려나면서 암초가 많은 해협 쪽으로 떠밀려가게 되었다. 토리 캐니언호가 대형 선박이었기 때문에 수심이 얕거나 암초가 많은 곳은 피해야 하는 것이 상식이지만, 토리 캐니언호의 선장은 무리해서 암초가 많고 수심이 얕은 지역으로 계속하여 진입했다. 무리한 조선에 Seven Stones라는 7개의 암초에 부딪혀 Torrey Canyon호는 Pollard's rocks에 좌초하게 되었고 18개의 원유탱크 중 14개에 구멍이 뚫리면서 인류 역사상 최대의 해양 오염 사건으로 기록되었다.

토리 캐니언호에 의한 피해규모는 엄청났다. 약 12만톤의 원유가 유출되었고 기름띠 길이만 30킬로미터, 너비 6.5킬로미터, 최대 두께 46센티미터의 기름띠가 영국 남서부 근해에 퍼지게 된다. 이후 약 80킬로미터 가량의 프랑스 해안과 190킬로미터 가량의 영국 해안에 기름띠가 이동해 피해를 입었다. 15,000마리의 해조 및 유기체가 떼죽음을 당하고 관광사업에 막대한 영향을 끼쳤다.

토리 캐니언호 기름 유출사고 이후에 취해진 조치는 해양오염규제의 정비, 국제해사기구(IMO)내 해양환경보호위원회(MEPC)의 설치, 1969년 OILPOL 개정, 1971년 카고탱크의 크기 제한, 1973년 분리 밸러스트 탱크를 카고탱크와 분리 등의 조치가 이루어졌다.

이와 함께 편의치적선의 증가와 개도국 선원이 승선하면서 자질이 크게 떨어져 인적과실에 의한 사고가 증가하였다. 이러한 문제를 해결하기 위하여 1970년대 두 개의 조약이 채택되었는데 ILO 조약 147로 호칭되는 선원의 처우와 근로환경 개선을 위한 조약과 1978년 채택된 STCW 조약이다. 특히 STCW(International Convention on Standards of Training, Certification and Watchkeeping for Seafarers)는 선원의 훈련, 자격증명 및 당직근무의 기준을 국제적으로 통일함으로써 해상에서의 인명·재산의 안전과 해양환경 보호를 목적으로 하고 있다.

1.3 STCW 협약

1967년 토리캐년호에 의한 대형기름 유출사고가 발생하자 인적과실에 의한 해양사고의 예방을 위해 선원의 훈련과 자격에 관한 국제적 기준마련의 필요성에 따라 1971년 훈련당직전문위원회(STW)가 구성되었다. 이어서 1978년에는 국제적인 선원의 훈련, 자격 및 당직에 대한 기본적인 요건을 규정하고 있는 STCW협약(International Convention on Standards of Training, Certification and Watchkeeping for Seafarers)이 채택되었다. 협약 제정 전에는 선원(사관 및 부원)의 훈련, 증서 및 당직에 대한 기준은 각 기국에서 국내법으로 시행하여 왔고, 적절한 기준 및 원칙 없이 시행한 국가들이 다수였다.

1995년 STCW협약 개정은 기존의 STCW협약의 규정이 기국 간 해석의 차이로 인해 상이하게 이행되고 있는 부분에 대한 통일화의 필요성에 따라 채택되었고, 2010년 6월 25일 필리핀 마닐라에서는 새로운 개정안이 채택되었다. 이 개정협약은 묵시적 수락 절차에 따라 2012년 1월 1일부터 발효되었는데, 다음의 주요한 개정 사항들이 포함되어 있다.

- 근무시간 및 최소 휴식시간 규정이 개정되었고 질병으로부터 선원의 보호 및 의료기준이 강화되었다.
- ECDIS와 같은 현대적인 기기에 대한 교육요건이 추가되었다.
- 해양환경 인지 그리고 항해사와 기관사에 대한 리더십 및 팀워크와 같이 새로운 교육요건이 신설되었다.
- 전자기관사 증서 요건이 신설되었다.
- 모든 종류의 탱커선에 승선하는 선원들에 대한 경험 요건이 강화되었다.
- 해적 공격에 대비하여 선원들이 적절한 훈련을 받을 수 있도록 하는 보안 교육 요건이 신설되었다.

〈표 2-5〉 STCW 협약 주요 내용

조항	조항	요소 항목	내용
A편	1	일반규정에 관한 기준	증명서와 승무자격증, 훈련과 평가, 품질기준, 의료기준, 회사의 책임 등에 관한 규정
	2	선장과 갑판부에 관한 기준	항해당직을 담당하는 해기사, 선장과 1등항해사의 자격 요건, 항해당직 일부를 구성하는 부원의 자격 요건 등에 관한 규정
	3	기관부에 관한 규정	기관당직을 담당하는 해기사, 기관장과 1등기관사의 자격 요건, 기관당직 일부를 구성하는 부원의 자격 요건, 전자기관사 및 전자기관부원의 자격 요건 등에 관한 규정
	4	무선통신사에 관한 기준	무선통신사의 자격 요건에 관한 규정
	5	특정선박 종사자에 대한 특별훈련 요건에 관한 기준	유조선 및 케미컬 탱커, 액화가스탱커, 여객선, IGF(가스 및 저인화점 연료유 사용 선박)코드 적용선박, 극지운항선박의 선장, 해기사 및 부원의 자격 요건에 관한 규정
	6	비상, 직업적 안전 및 보안, 의료관리 및 생존 기능에 관한 기준	친숙훈련 및 기초안전 훈련 요건, 생존정과 구조정 해기능력 요건, 상급소화 및 의료관리자의 해기능력, 선박보안책임자 및 모든 선원의 보안 기준 등에 관한 규정
	7	다기능해기사 자격증명에 관한 기준	다기능해기사(항해와 기관 등)의 자격 요건에 관한 규정
	8	당직근무에 관한 기준	당직임무에 대한 적합성, 당직배치와 준수 원칙(항해, 기관, 무선통신, 정박) 등에 관한 규정
B편	1~8 동일함		A편(강제요건)의 규정에 관한 지침서

1.4 해사노동협약

Model Course 요건 : MLC협약을 설명한다.

양호한 근로를 확보하기 위한 선원보호 제도를 시행하고 선박소유자와 정부의 선원에 대한 부당한 근로를 방지하기 위하여 2006년 39개 기존협약과 29개 권고를 통합 단일화한 해사노동협약(Maritime Labour Convention; MLC)을 채택하였다. 해사노동협약의 구성은 다음과 같다.

〈표 2-6〉 해사노동협약 주요 내용

구성	분야	노동협약 요소
제1장	승무 전 최저 요건	최저연령, 건강진단서, 훈련 및 자격증명, 직업 소개소
제2장	근로조건	선원근로계약, 임금, 근로/휴식시간, 휴가권, 송환, 선박 멸실 또는 침몰 시 선원보상, 승무수준, 경력과 기술개발 및 선원고용 기회
제3장	거주설비, 오락시설 및 식량과 조달	거주설비 및 선내오락시설, 식량 및 조달
제4장	건강보호, 의료관리, 복지 및 사회보장	선내 및 육상 체류시 의료관리, 선박소유자의 책임, 건강·안전 보호 및 사고방지, 항만 복지 시설이용, 사회보장
제5장	준수 및 집행	기국책임, 항만국책임, 선원공급국책임

MLC는 2013년 8월 20일 발효되었으며, 모든 항해선에 적용하도록 규정하고 있다. 이 협약에 따라 선박은 해사노동적합증서 및 해사노동적합선언서를 선박에 비치하고, MLC도 항만국통제를 수용함으로써 IMO협약과 같이 기국의 이행을 감시 및 보충하는 제도를 규정하고 있다. 협약 규정의 대부분이 선원들의 근로 조건 및 복지 분야를 향상시키고 양호한 근무 조건을 확보함으로써 건전한 경쟁 체제를 확보하는데 있다. 선원의 근로 보호를 규정하고 있는 대표적인 협약이다.

2. 해사협약의 이행

2.1 IMO의 역할

Model Course 요건 : IMO 역할을 설명한다.

1) IMO의 설립

물류 이송에 사용되는 선박의 중요성은 두 차례의 세계대전을 거치면서 인식하게 된다. 국제 해운 문제를 다루기 위한 기구설립을 위한 국제회의가 1948년 2월 19일부터 3월 6일까지 제네 바에서 개최되었으며, 정부 간 해사자문기구 설립에 관한 국제협약(Convention for the Establishment of an Inter-Governmental Maritime Consultative Organization)이 채택되었다. 국제해사기구(International Maritime Organization; IMO)의 전신이 되는 정부 간 해사자문기 구(IMCO) 설립 법안이 1948년 채택되었으나, 당시 해사분야에 대한 관심부족으로 발효 충족 요건을 만족시키지 못하다가 결국 1958년 3월 17일 발효되었다. UN의 12번째 자문기구로 IMCO가 설립될 당시 해사산업의 관심사와 선진해운국가는 분리할 수 없는 산업구조를 가지고 있었다. 당시 대부분의 선주국, 화주국 및 조선국들이 유럽과 북미에 위치해 있었고, 이로 인해 서 IMCO는 일명 '선주클럽(ship owner's club)'이라고 불리기도 하였다. 그러나 제2차 세계대 전 이후 식민지 지배를 받던 국가들이 독립하면서 신생국이 국제사회에 등장하고 이러한 변화 는 IMCO의 회원국 구성에도 영향을 주었다. IMCO가 기술적인 문제만을 다루기로 함에 따라 UN무역개발위원회(UNCTAD)는 1965년 해운위원회를 설립하여 상업적인 문제를 다루기 시작 하였고 1975년 기존의 IMCO협약을 개정하여 명칭을 현재의 IMO로 변경하였다.

2) IMO 조직과 업무

IMO는 선박의 안전과 해양환경을 보호하기 위한 목적으로 약 59개의 해사협약과 의정서를 채택하고 개정하고 있으며, 기술적인 내용을 담고 있는 80여개의 Code도 채택하였다.

(1) 총회, 이사회, 위원회 및 전문위원회

IMO는 해상에서의 안전, 보안 및 해양오염 방지를 위한 국제기준을 제공하고 이행을 촉진시키기 위해 IMO 사무국(Secretariat)과 함께 회원국으로 구성되는 총회(Assembly), 이사회(Council), 위원회 및 전문위원회를 통해 IMO를 운영하고 있다. 2014년 1월 1일부터 기존의 9개 전문위원회를 7개로 통폐합하여 효율적인 운영체계로 변경되었다. 특히 기존의 선원들의 교육/훈련/당직기준 등을 논의하던 선원훈련 및 당직 전문위원회(STW)는 인적요소, 훈련 및 당직 전문위원회(Sub-committee on Human Element, Training and Watchkeeping; HTW)로 변경되었다. IMO가 선원의 업무 및 기능 위주의 업무를 벗어나 더욱 확대된 인적요인을 전면에 등장시킴으로써 중요성을 부각시키고 있는 동시에 인적요인에 집중하기 위한 정책적인 의도로 해석 될 수 있을 것이다.

(2) 위원회

- 해사안전위원회(Maritime Safety Committee) : 선박설계 및 건조, 설비 등에 관한 국제기준을 제정한다.
- 해양환경보호위원회(Maritime Environment Protection Committee) : 선박으로부터 해양오염방지 배출기준 및 설비기준에 관한 국제기준을 제정한다.
- 법률위원회(Legal Committee) : IMO해사협약 및 기준 등에 관한 법률문제를 다룬다.
- 기술협력위원회(Technical Cooperation Committee) : 개발도상국 지원 및 계도에 관한 협력사업을 주요 의제로 다룬다.
- 해상교통간소화위원회(Facilitation Committee) : 국제항해에 종사하는 선박의 입출항시 요구되는 각종 서류 및 수속절차를 간소화 또는 표준화 하는 국제기준을 제정한다.

(3) 전문위원회

- 선박설계 및 건조 전문위원회(Sub-committee on Ship Design and Construction)
- 선박 시스템 및 설비 전문위원회(Sub-committee on Ship System and Equipment)
- 오염방지 및 대응 전문위원회(Sub-committee on Pollution Prevention and Response)
- 화물 및 컨테이너 운송 전문위원회(Sub-committee on Carriage of Cargoes and Containers)
- 항해, 통신 및 수색구조 전문위원회(Sub-committee on Navigation, Communication and Search and Rescue)
- IMO협약 이행 전문위원회(Sub-committee on Implementation of IMO Instruments)

- 인적요인, 훈련 및 당직 전문위원회(Sub-committee on Human Element, Training and Watchkeeping)

2.2 ILO의 역할

1) ILO 개요

1919년 제1차 세계대전 이후 베르사유조약(Treaty of Versailles)에 따라 사회 정의를 구현하기 위한 목적으로 설립되었다. 1919년 인류 최초의 국제 노동 총회를 통해 6개의 국제 노동협약을 채택한 이후 전 세계 노동자의 권익과 인권을 보호하기 위해 노력하고 있는 국제기구이다. 오늘날 ILO는 모든 여성과 남성을 위한 양호한 일자리를 향상시키기 위해 노력하고 있으며, 직장에서의 노동자의 권리 향상, 양호한 고용의 기회 증진, 사회보장 및 직업 관련 문제에 관한 소통 강화를 주요 목표로 두고 있다.

2) ILO 역할

① 노동자의 기본원칙과 권리의 증진
② 노동자의 양호한 고용 및 급여 보장의 기회 제공
③ 효과적인 사회보장제도 강화
④ 삼자간의 대화 증진

2.3 IMO와 ILO의 협력

선원문제와 관련하여 공통 관심사와 기구 간에 영향을 미치는 분야에 대하여 공동협의를 통해서 해사협약에 반영하고 있다. 공통관심 분야는 다음과 같다.
- 선원의 피로방지 및 휴식시간에 관한 규정
- 건강진단서
- 선원유기 및 재해보상

효율적인 업무를 진행하기 위한 목적으로 선원교육 및 경력개발과 관련된 상선해기사 자격제도, 유능부원 제도는 IMO에서 주관하고 있으며, 선원의 최소요건, 근로조건, 선내 거주설비 및 선원고용 기회는 ILO의 MLC에서 규정하고 있다.

2.4 해사협약의 이행

Model Course 요건 : 협약의 규칙이 어떻게 이행되는지 설명한다.

1) 해사협약의 수용

IMO는 국제기구로서 해사협약의 이행 권한이 없으며, 기국만이 국내법령을 통해 입법 그리고 집행 관할권을 행사할 수 있다. 일반적으로 해사협약을 국내법으로 입법화하는 방법은 다음과 같이 3가지로 분류할 수 있다.

① 협약 비준 후 특별법 제정(위임입법 또는 부칙)을 통해 국내 입법화 하는 방안

② 협약 미비준 상태에서 국내 입법화 하는 방안

③ 협약 비준 후 일반법에 수용하여 협약을 적용하는 방안

해사협약이 발효되어 강제 구속력을 갖도록 발효 요건을 규정하고 있으며, 일반적으로 IMO 해사협약은 가입국 수와 상선 선복량의 일정 퍼센트(%)가 만족되어야 협약이 발효될 수 있다고 규정하고 있다. 예를 들면 MARPOL 73/78협약의 경우 상선 선복량의 합계가 총톤수로 세계 상선복량의 50%이상이 되는 15개국 이상의 국가가 당사국이 되는 날로부터 12개월 후에 발효된다(제15조 참조).

국가가 협약의 가입 의사를 표명하는 방법은 서명, 비준, 수락, 승인 및 가입과 같은 행위를 통해 공식적으로 협약 가입국이 될 수 있다. 이러한 가입 의사를 표명하기 위해서는 다음과 같이 2가지 국내 절차를 통해서 이루어진다.

① 2회의 기속적 동의 표시로 당사국이 되는 조약의 경우 (예: 서명 후 가입 절차를 거쳐야 하는 조약)

② 1회의 기속적 동의 표시로 당사국이 되는 조약의 경우 (예: 서명 또는 가입만으로 발효하는 조약)

UN해양법협약(UN Convention on the Law of the Sea)은 모든 기국은 선박 간에 진정한 연계(Genuine line)가 있어야 한다고 규정하고 있다(제91조). 국제조약이나 UN해양법협약에서

명시적으로 규정된 예외적인 경우를 제외하고는 선박의 기국은 국기를 게양하고 항행하여야 하며, 공해에서는 기국의 배타적인 관할권에 속한다고 명시하고 있다(제92조 제1항). 즉, 기국은 자국기를 게양한 선박에 대해서 행정적, 기술적, 사회적 사항에 관하여 유효하게 자국의 관할권을 행사하고, 통제할 의무를 가지고 있다(제94조 제1항). 이러한 관할권을 행사하기 위해서는 IMO 해사협약을 적용받는 국제항해선박에 적용할 수 있는 국내법령을 우선적으로 마련해야 한다. 대부분의 국내 해사법령은 우리나라가 가입한 협약을 이행하기 위한 목적으로 제정된 이행 법률로서 국제협약 제·개정에 따라 시기적절하게 관련 법률을 제·개정함으로써 국적선이 외국항에서 불이익을 받지 않도록 조치해야 한다.

2) 항만국의 역할

항만국(Port State)은 선박안전 및 해양환경보호를 달성함에 있어서 핵심적인 역할을 하고 있으며, IMO 및 ILO 해사협약과 같은 국제기준을 만족하지 못하는 기준미달 선박을 궁극적으로 퇴출하고 감시하는 역할로써 항만국 통제를 규정하고 있다. 항만국은 IMO 및 ILO 해사협약 규칙에 따라 자국항에 입항하는 외국적 선박에 대한 협약 준수 및 실태를 파악하기 위해 일정한 권한과 의무를 가지고 있다. SOLAS협약, MARPOL 73/78협약, STCW협약 및 MLC협약은 협약 가입국인 항만국이 자국항만에 입항하는 비 체약국의 선박을 당사국의 선박보다 우대하지 못하도록 하는 의무규정(No more favorable treatment)을 포함하고 있다. 이 규정은 항만국이 체약국에 대해서 뿐만 아니라 비 체약국에 대해서도 협약의 요건을 적용할 수 있음을 의미한다. 즉, 협약이 발효되면 이 협약 체약국에 입항하는 모든 외국적 선박은 항만국 통제의 표적이 된다.

3. 권고와 국내법

3.1 권고

Model Course 요건 : 권고와 규칙이 어떻게 상이한지 설명한다.

1) 권고의 성격

일반적으로 권고(Recommendation)란 국가에게 의무를 부과하지 않는다. IMO는 권고의 성격을 가지는 다수의 문서를 채택하고 회원국에게 권고하는데, 권고의 성격을 가진 문서로는 Code, Guideline 또는 Guidance 등이 있다. IMO의 총회 및 위원회를 통해 채택된 권고 문서는 일반적으로 결의서(Resolution)를 통해 채택되며, 반대 없이 회기 중에 채택되었다 할지라도 협약과 같은 강제 구속력이 없기 때문에 별도의 가입 의사 등을 표방할 필요가 없다. 그러나 이러한 권고적 성격의 문서는 회원국을 구속할 수 없을지라도 회원국이 자발적으로 국내법령으로 수용하여 강제 집행할 수 있으며, 다수의 국가들이 자발적으로 시행함으로써 보편화되고 국제협약에 수용되거나 국제관습법으로 발전하여 모든 국가를 구속할 수도 있다. IMO는 이러한 권고적 성격의 문서를 강제화하기 위한 방법으로 발효된 국제협약 본문 또는 참조문서로써 Code 또는 Guideline을 포함시켜 법적구속력(강제성)을 부여하고 있다.

2) 협약에 의해 강제화 된 문서

① SOLAS협약 : FSS Code, FTP Code, LSA Code, CSS Code, Grain Code, IMDG Code, IBC Code, IGC Code, INF Code, ISM Code, ISPS Code
② MARPOL 73/78협약 : IBC Code, BCH Code, NOx Code

3.2 인적요인 관련 국내법

Model Course 요건 : 인적요인에 관한 국내법령을 예를 들어 설명한다.

1) 해사안전법

선박의 안전운항을 위한 안전관리체계를 확립하여 선박항행과 관련된 모든 위험과 장해를 제거함으로써 해사안전 증진과 선박의 원활한 교통에 이바지함을 목적으로 두고 있다. 술에 취한 상태에서 선박을 조작하거나 약물복용 등의 상태에서 조타기 조작 등 금지에 관한 규정(제41조 및 제41조의 2)은 인적요인에 관한 대표적인 규칙으로 볼 수 있다. 또한 ISM Code의 국내 이행 법률로서 제5장에서는 선박 및 사업장의 안전관리에 관해서 규정하고 있다. 제6장에서는 선박의 항법에 관하여 규정함으로써 안전항행과 관련하여 인적요인 등에 관하여 규정하고 있다.

2) 국제항해 선박 및 항만시설 보안에 관한 법률

국제항해에 이용되는 선박과 선박이 이용하는 항만시설의 보안에 관한 사항을 정함으로써 국제항해와 관련한 보안상의 위협을 효과적으로 방지하여 국민의 생명과 재산을 보호하는데 이바지함을 목적으로 한다. ISPS Code의 국내 이행을 위해 선박과 항만시설에 대한 보안책임자를 지정하고 코드에서 규정하고 있는 규칙 등을 국내법 체계에 맞게 수용하고 있다.

3) 선박직원법

1960년 제정된 당시에는 국적선에 승선하고자 하는 선박직원의 해기면허의 기준을 정하고 있었지만, STCW협약의 제정 및 발효에 따라 선박직원의 면허제도, 승무기준 및 교육에 관한 기준을 규정하고 있다.

4) 선원법

선원의 직무, 복무, 근로조건의 기준, 직업안정, 복지 및 교육훈련에 관한 사항 등을 정함으로써 선내 질서를 유지하고 선원의 기본적 생활을 보장향상시키며 선원의 자질 향상을 도모함을 목적으로 한다. 제6장은 선원의 근로시간 및 승무정원, 제8장은 선내 급식과 안전 및 보건, 그리고 제11장은 복지와 직업안전 및 교육훈련에 관한 규정으로 선박의 안전운항과 관련된 인적요인에 관한 대표적인 규정이며 MLC협약의 국내 이행법률이다.

5) 해양사고 조사 및 심판에 관한 법률

해양사고 조사 및 심판에 관한 법률은 해양사고의 원인을 밝힘으로써 해양안전 확보를 목적으로 제정되었다. 이 법률에 따라 중앙해양안전심판원 및 지방해양안전심판원에서는 해양사고의 원인을 조사하고 인적요인으로 인한 사고원인이 있을 때에는 재결에 따라 해당자를 징계할 수 있다. 제4조에 규정되어 있듯이 사고조사에 있어서 직간접적인 인적요인에 대한 원인을 규명함으로써 해양사고의 주원인으로 파악되고 있는 인적요인을 저감시키는 것을 주목적으로 두고 있다고 할 수 있다. 또한 인적요인의 과학적인 분석을 위해 해양사고 조사업무 처리지침에 관련내용을 규정하고 있다. 해양사고 조사를 통해 밝혀진 교훈들은 IMO에 보고되고 이러한 조사 결과를 토대로 관련 해사협약의 개정도 이루어지고 있다.

평가 및 태도 변화

평가

- 평가자는 평가 내용에 제시되어 있는 내용을 성공적으로 수행할 수 있는지를 평가해야 한다.
- 평가자는 다음 사항을 평가해야 한다.

학습 내용	평가 항목	성취수준		
		상	중	하
국제해사협약의 이해	- SOLAS, MARPOL, STCW협약 등을 설명할 수 있다.			
	- MLC협약을 설명할 수 있다.			
국제해사협약의 이행	- IMO의 조직과 업무를 파악할 수 있다.			
	- 국제해사협약의 국내법 수용을 설명할 수 있다.			
인적요인 관련 국내법의 이해	- 인적요인 관련 국내법의 예를 설명할 수 있다.			

태도 변화

- 지금까지의 학습내용을 정리하면서 나의 변화를 위한 내용들을 정리해 봅시다.

새로 할 것 / 개선해야 할 것	버려야 할 것 / 줄여야 할 것

맹자	아인슈타인
너에게서 나온 것은 너에게로 돌아간다.	성공한 사람이 되려하기 보다 가치 있는 사람이 되려고 노력하라.
보왕삼매론	**대법거다라니경**
억울함을 당했다고 해서 굳이 밝히려 하지 말라. 억울함을 밝히면 원망하는 마음이 생긴다. 억울함을 당하는 것으로써 자신의 마음을 닦는 문으로 삼아라.	세 가지 악이 있다. 첫째는 마음이 악해서 착한 말을 듣지 않는 것이며 둘째는 항상 남이 자기보다 나은 것을 두려워하는 것이며 셋째는 남이 자기보다 나은 것을 알면서도 수치스럽게 여겨 바른 가르침을 묻지 않는 것이다.
화엄경	**법구경**
내 것이라고 집착하는 마음이 갖가지 괴로움을 일으키는 근본이 된다. 온갖 것에 대해 취하려는 생각을 하지 않으면 훗날 마음이 편안하여 마침내 근심이 없어진다.	마음이 모든 일의 근본이 된다. 마음은 주인이며 일체는 마음이 만든 것이다. 삶은 마음이 만드는 것으로 어제의 생각이 오늘을 만들고 오늘의 생각이 내일을 만든다.

제3장 인적자원관리 및 훈련

학습 목표	
	▪ 선상의 전형적인 조직 체계를 이해한다. ▪ 선상 구성원간의 문화적 인식의 차이를 이해하고 선상의 다문화간 소통의 중요성을 파악한다. ▪ 다문화 선원간 관계 개선을 위해 필요한 행동을 이해한다. ▪ 상황인식의 필요성을 이해할 수 있다. ▪ 상황인식을 통해 미래의 상황을 예측할 수 있다. ▪ 전자장비로 인해 상황인식이 방해될 수 있는 가능성을 확인할 수 있다. ▪ 피로가 상황인식을 방해할 수 있음을 이해하고 그 예방책을 마련할 수 있다.

재료·자료	
	▪ IMO 모델코스 ▪ 선박안전관리시스템(ISM 문서)

1. 선상 조직, 권한 구조, 책임

1.1 전형적인 선상 조직

Model Course 요건 : 선상의 전형적인 선상 조직에 대해 이해한다.

전형적인 선상조직은 상하 수직의 지휘계통으로 기능별로 구분되어 있다. 아래 그림의 선상 조직처럼 크게 항해와 기관과 같이 기능에 따라 구분하고, 직책에 따라 관리급, 운항급 및 보조급으로 구분하고 있다.

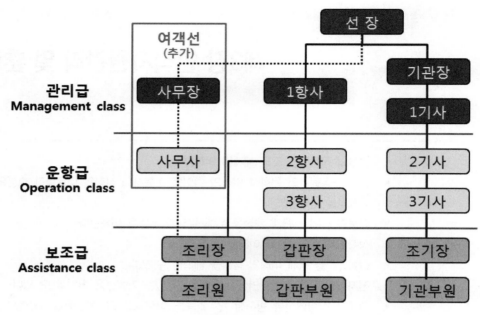

[그림 3-1] 전형적인 선상 조직의 형태

1.2 관리급의 선상 업무

> Model Course 요건 : 선상 조직 중 관리급에서의 업무와 책임에 대해 이해한다.

선박에서 선장, 일등항해사, 기관장 또는 일등 기관사로 승무하면서, 지정된 책임 영역 내의 모든 기능(function)이 적합하게 수행되는 것을 보장 할 책임이 있는 등급을 말한다. ISM Code 가 발효된 이후 국제항해에 종사하는 모든 선박의 관리급 선박직원의 업무범위 및 책임은 선박 안전관리시스템에 반영되어 있다.

1.3 운항급의 선상 업무

> Model Course 요건 : 선상 조직 중 운항급에서의 업무와 책임에 대해 이해한다.

선박에서 항해 또는 기관 당직을 담당하는 선박직원 또는 정기적 무인 기관 구역에 대한 지정 기관사 또는 무선 통신사로 승무하는 선박직원들이 해당된다. 관리급 선박직원의 직접적인 감독을 통해 선박에서 해당 업무를 수행한다. 운항급 선박직원에 해당하는 업무범위 및 책임은 선박안전관리시스템에 반영되어 있다.

1.4 보조급의 선상 업무

관리급 또는 운항급으로 승선하는 선박직원의 직접 통제하에서 임무(duty)를 수행한다. 부원급의 선원은 관리급 또는 운항급 선박직원의 통제 또는 감독에 따라 업무를 수행하기 때문에 해당업무 수행범위가 매우 제한적이며 그에 따라 책임범위도 제한 받을 수밖에 없다.

1.5 선상 조직의 명령체계

선박은 앞서 기술한 바와 같이 수직적인 지휘체계를 가지고 있으며 특히 전체 승조원을 총괄지휘, 감독하는 선장의 직무와 권한은 선상 조직체계를 이해하는 데 있어서 매우 중요하며 이는 선원법 등의 관련 규정에서도 명확히 정하고 있다.

뿐만 아니라 비상상황에서도 이러한 지휘체계를 유지하기 위해 해당 직책이 역할을 수행할 수 없을 때를 대비하여 명령체계의 위임 절차를 정하고 있으며, 그러기 위해서는 본인의 책임과 권한 뿐만이 아닌 선상조직의 전반적인 구성을 이해할 필요가 있다.

2. 문화적 인식 및 소통

2.1 문화적 인식(Cultural awareness)

Model Course 요건 : 문화적 인식을 이해한다.

    문화적 인식이란 다른 문화권과 내가 속한 문화권이 어떤 차이점이 있는가에 초점을 맞추기 보다는, 나의 문화와 같은 가치로서 존재함을 인식하는 것을 말한다. 대부분 다국적 선원들로 구성되는 현재의 선상 인력 상황에서 서로의 문화를 존중하고 좋은 의사소통을 유지하는 것은 안전하고 효율적인 선박 운항을 위하여 매우 중요하다.

2.2 문화의 성향(Inherent cultural traits)

Model Course 요건 : 문화적 성향을 이해한다.

    문화적 성향은 같은 지역에 거주하면서 축적된 사람들의 언어, 종교, 풍습, 음식, 생활 습관의 공통적인 경향을 말한다. 문화적 성향은 학습되는 것이며 같이 생활 하는 경우 크게 그것을 의식하지는 않는다. 그러나 교통과 통신이 발달한 지구촌 시대에는 이런 문화적 성향이 충돌하며 갈등을 일으키기도 한다. 이는 다른 문화에 대한 고정 관념으로 작용하기도 한다. 한국 사람들이 김치를 먹는 것은 문화적 성향이지만 안 좋아하는 개인도 있을 수 있다. 선박 인사 관리에서 이런 문화적 성향이 자칫 차별로 이어질 수 있으므로 각 개인으로 접근하여 태도나 행동 양식을 파악하는 것이 중요하다.

2.3 문화적 성향과 개인의 태도 및 행동의 연관성

Model Course 요건 : 문화적 성향, 태도와 행동의 연관성을 이해한다.

    선박에 근무하는 선원의 구성이 다국적화 되면서 전통적인 선상조직을 통한 수직적인 소통에 큰 변화가 발생하고 있다. 관리급 및 운항급 뿐만 아니라 이들의 직접적인 업무지시를 받는 부원급 선원들도 서로 이질적인 문화 그리고 동일한 문화권이라 할지라도 개인에 따라 다른 성향을 가지고 있기 때문에 대표적인 성향과 함께 개인별 태도와 행위의 패턴을 이해하는 것은 원활한 선내에서의 업무 수행에 주요한 부분을 차지하고 있다.

1) 문화적 성향의 종류 (※ 홉스테드 문화모형 참조)

문화는 '정신의 집단적 프로그래밍'인데 이 프로그래밍은 한 집단(group)이나 한 범주(category)의 구성원들을 다른 집단이나 범주의 구성원들과 구별시켜 준다. It(Culture) is the collective programming of the mind which distinguishes the members of one group or category of people from others.	- 개인주의(Individuality) - 권력차이(Power distance) - 남성다움(Masculinity) - 불확실성에 대한 회피성 (Uncertainty avoidance) - 장기성(Long term orientation) - 관용(Indulgence)

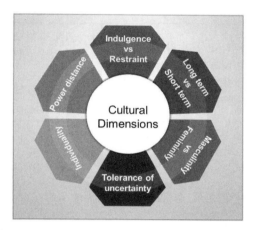

[그림 3-2] 홉스테드(Hofstede) 문화 모델

(1) 집단주의 성향과 개인주의 성향(Individualism vs Collectivism)

〈표 3-1〉 집단주의와 개인주의 성향 특징

구분	집단주의 성향	개인주의 성향
특징	▪ 개인보다는 집단을 중시 ▪ 농경사회와 유교사회의 영향이 큼 ▪ 인간관계, 화합, 체면과 영구적인 의리가 중요 ▪ 분쟁이나 언쟁을 피하고 나쁜 소식은 감추는 경향 ▪ 개인 실수는 전체의 체면손상으로 간주 ▪ 자립성이 약하고 책임관계가 분명하지 않음	▪ 개방적이고 혼자 하기를 선호하는 개인주의 ▪ 업무위주로 이루어진 사회 ▪ 기술과 독창성을 기반으로 발달한 산업사회 ▪ 실수는 자신의 자존심 손상으로 간주
유의점	▪ 개인의 역할과 책임을 명확하게 강조 ▪ 침묵, 미소 등으로 불편한 입장을 나타내므로 개방적 대화 분위기 조성	▪ 자존심을 손상하지 않도록 유의 ▪ 충분한 준비 후에 대화를 시작 ▪ 임무의 한계를 분명히 획정 ▪ 팀 작업 시는 협조할 사항까지 명확하게 지시

(2) 위계중시 성향과 평등주의 성향(Power Distance Index)

〈표 3-2〉 위계중시 성향과 평등주의 성향 특징

구분	위계중시 성향	평등주의 성향
특징	<ul><li>사회적, 경제적, 신분적 차이를 인정하고 이에 순응함</li><li>상하에 따른 명령, 복종관계에 순응</li><li>해야 할 것에 대한 지시를 기다림</li><li>상급자와 하급자의 종속관계가 강하고 온정주의를 중시함</li></ul>	<ul><li>사회적, 경제적, 신분적 차이에 순응하지 않고 자신의 지위 상승을 위하여 노력함</li><li>명령 받는 것을 싫어함</li><li>모르는 것을 알고 싶어 하고 남이 자신에게 상의해 주기를 바람</li><li>권력남용에 대한 견제가 심함</li></ul>
유의점	<ul><li>세세한 부분까지 지시해야 함</li><li>약간의 호의적 배려에 감동함</li><li>칭찬하면 적극적으로 수행함</li><li>불만사항을 비공식 모임을 통해 파악함</li></ul>	<ul><li>권위보다는 의견을 제시하도록 권유하고 문제가 없는 경우에는 이를 승인하는 방식을 택해야 함</li><li>확실한 논리와 경험에 기초한 권위가 필요함</li><li>불만사항은 공식 채널을 활용</li></ul>

(3) 여성적 성향과 남성적 성향(Masculinity vs Femininity)

〈표 3-3〉 여성적 성향과 남성적 성향 특징

구분	여성적 성향	남성적 성향
특징	<ul><li>사람들을 돌보고 경영자와의 관계, 협동, 고용안정성 등의 유대관계를 중시하며 온화함</li><li>직무상 좋은 관계와 관례를 중시하고 창조적이지 못함</li><li>알고 나면 아주 친해지지만, 처음 사귀기가 어려움</li><li>야심적이지 않고 겸손함</li></ul>	<ul><li>출세, 수입증대, 성공, 진취성 등 다른 사람들의 인정에 높은 가치</li><li>정치, 사회 문제 등에 관심이 많고 자기주장이 강함</li><li>선박 및 회사의 보호에 적극적임</li><li>모두 야심적이고 경쟁적임</li><li>관례를 무시하고 새로운 방안을 좋아함</li></ul>
유의점	<ul><li>관례의 문제점을 명확히 지적하고 새로운 방법을 모색하도록 유도해야 함.</li><li>돈, 성공 등에 관한 화제보다는 정서적인 화제를 좋아함</li><li>거친 태도는 공감보다 두려움을 줌</li></ul>	<ul><li>상대방의 주장을 잘 듣고 선택사항인 경우 이를 적극적으로 반영함</li><li>적절히 칭찬해 주면 더욱 열심히 일함</li><li>세세한 문제는 일임해 주는 것이 좋고 잔소리를 특히 싫어함</li></ul>

2) 문화적 성향과 개인의 연관성

일반적으로 문화적 성향과 개인의 취향, 태도 및 행동을 동일시하는 경향이 강하다. 예를 들어 한국 사람들은 매운 음식을 좋아하는 문화적 성향(inherent culture traits)을 가지고 있으나 매운 음식을 싫어하는 사람들 또한 많다.

개인적 성향은 세대별, 개인별로 천차만별로 다양하다고 볼 수 있는 것이다. 개인별 태도(attitude)란 사람이나 대상, 상황에 대해 긍정적 또는 부정적으로 일관되게 반응하는 학습된 경향을 뜻한다. 이러한 태도는 개인마다 다를 수 있지만 공통적으로 자신의 태도가 일관성 있음을 보여 줄려는 경향이 매우 강하다. 개인별 행위(behavior)는 태도의 영향을 많이 받고 결국 개인은 자신이 갖고 있는 태도와 그것이 행위로 나타나는 것에 대해서 일관성을 유지하려고 노력한다.

[분임 토의]

〈주제 1〉
자신은 어떠한 성향의 사람인지를 위의 예를 가지고 분석해보고 자신의 분석한 결과를 분임조의 다른 팀원과 공유한다.

〈주제 2〉
자신이 느꼈던 차별적 대우 중 문화적 오해로 발생한 사례를 공유한다.

2.4 선상 생활에 있어서 문화간 소통의 유의점

Model Course 요건 :
선상에서 다문화 선원간 생활에 있어 문화간 소통의 유의점에 대해 이해한다.

1) 선상 갈등 요인

- 언어 문제 (외국어 역량, 욕설, 목소리 톤 등)

- 세대 차이 (선원 내 세대 갈등)

- 공동체 팀 의식 부재 (동료나 상급자의 일을 돕거나 희생하는 경우가 드묾)

- 성적 가치관, 종교 차이
- 음식 문화 (선호음식 차이, 금기 음식, 부식관리 문제, 식사 매너)
- 수직적 선내 구성 (사관들의 권위적 지시문화, 선장의 자질과 리더십 문제)
- 고립된 생활 (가족 또는 연인과 떨어진 생활, 향수병)
- 과중한 업무 (시간 외 근무, 작업수당 배분 문제)
- 인간관계 (소통부재, 선내 구성원 간 서로 만날 수 있는 기회 부족)
- 스트레스 해소 방법 부족 (게임, 폭력, 음주, 도박, 동영상 등에 노출)
- 음주 문화 (음주강요, 음주습관 등으로 인한 사고 발생)
- 특정 국가(집단)에 대한 편견과 선입견
- 다양성 보다 표준화를 강조하는 해상업무의 특성(획일적 직업문화)
- 회사의 현장 상황에 대한 인식 부재

2) 다문화 선원 승선 시 고려사항

선박의 인적 구성이 하나의 국적으로 구성이 된 것이 아니라 다국적 선원들로 구성된 혼승선이 세계적으로 증가하고 있다. 다문화 선원들과 함께 승선 생활을 할 때 다음의 사항을 고려하여야 한다.

1) 타 문화를 존중한다.
2) 개인 또는 특정 문화권의 사람들이 무엇에 의해 동기를 부여 받는지를 인식한다.
3) 특히, 특정 행동을 통해서 반응하는 변화에 대하여 충분히 인식하고 주의한다.
4) 간단하고 명료한 언어를 사용하고 반드시 상대방이 이해했음을 확인하는 시간을 갖도록 한다.
5) 문화적(종교적) 이질성으로 인해 발생할 수 있는 문제점을 식별한다. 필요에 따라서 Check List 작성을 통해 간과할 수 있는 문제점을 도출해 본다.
6) 상대방의 이름을 불러 줌으로써 친근함을 전달한다.

'사람중심' 선상문화 만들기

[분임 토의]

〈상황 1〉
비상대응 절차에 의하면 선장 유고 시 업무 위임자는 일항사이다. 한국인 책임사관과 필리핀 선원으로 구성된 어떤 선박에서 선장이 유고되어 필리핀 국적의 일항사가 업무를 위임하게 되었다. 기관장은 한국인이다. 선상 조직이 잘 운영되기 위해서 기관장이 가져야 할 태도에 대해 이야기 해보자. 기관장의 성향이 그의 태도에 미치는 영향을 고려해 보자.

〈상황 2〉
한국인 선장은 미얀마 3항사 A의 부지런함과 우수한 능력을 보고 칭찬과 함께 2항사 진급을 추천해 주겠다고 약속한다. 그래서 하선하는 2항사 후임으로 회사에 진급을 상신하고 회사는 이를 허락한다. 2항사 업무를 하던 A가 가족을 통해 월급을 확인한 결과, 직무대리 월급임을 알게 되어 2항사 A는 선장에게 부당함을 강력히 항의한다. 선장이 회사에 문의한 결과 3항 사의 경력이 사규에 미치지 못하여 어쩔 수 없이 당분간 직무대리 발령을 낼 수 밖에 없었다고 이야기 한다. 당신이 선장이라면 항의하는 2항사 A에 대해 어떤 마음이 들겠는가? 이런 일이 생긴 까닭은 무엇인가? 그 해결책은 무엇인지 의견을 나누어 보자.

〈우화〉 기린과 코끼리

Diversity

Management

at Workplace

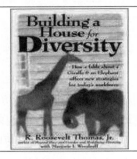

"도대체 무슨 일입니까?"

"제 집처럼 편안하게 생각하려 했습니다."

"알겠습니다. 뭐가 문제인지 알겠군요. 문이 너무 좁군요. 당신이 살을 좀 빼시는게 좋겠습니다. 근처에 에어로빅 강습소가 있습니다. 그곳에서 얼마간 에어로빅 강습을 받고 나면 몸무게를 좀 줄이실 수 있을 겁니다."

"그럴까요?"
"그리고 계단이 너무 약하군요."

"저녁에 발레 교습을 받으시면 발끝으로도 가볍게 서실 수 있을 겁니다. 그렇게 됐으면 좋겠군요. 여기서 당신과 함께 시간을 보내는 것은 즐거운 일이거든요."

"그럴 수도 있겠죠."
"하지만 사실대로 말씀 드리면, 대대적인 개조를 하지 않는 이상 기린을 위해 지어진 이 집이 현실적으로 코끼리인 저에게는 맞지 않을 것이라고 생각합니다."

시사점

☆ 차별 철폐: 기린이 코끼리를 초대하려고 생각했을 때 기린은 문을 넓히기 위해 널빤지를 치움으로써 코끼리를 돕기 위한 특별한 노력을 기울인다. 이것은 포용에 초점을 두고 불균형을 교정하기 위한 특별한 행동이다.

☆ 차이의 이해: 기린과 코끼리는 관심사가 유사하여 서로 마음이 맞다. 기린은 코끼리와 함께 하는 것이 즐겁고 코끼리를 더 잘 알고 싶었기 때문에 초대한다. 코끼리는 같은 이유에서 그 초대를 받아들인다. 이것이 조직 내 구성원이 사이좋게 지내는 관계에 초점을 둔 차이의 이해이다.

☆ 다양성 관리: 코끼리의 방문이 기린에게 피해를 주자 기린은 코끼리가 해야 할 몇 가지 고칠 점을 제안한다. 하지만 코끼리는 변화를 모두 감당하기를 거부한다. 코끼리는 오히려 기린의 집을 고쳐야 한다고 생각한다. 이것이 조직 내 구성원 모두의 재능이 발휘될 수 있는 환경을 조성하려는 다양성 관리의 관점이다.

3. 비공식 조직

3.1 다문화 선원간의 비공식 조직

Model Course 요건 : 다문화 선원간의 비공식 조직의 형태와 문제점을 이해한다.

선박의 직책에 따른 공식조직과 별도로 문화권, 국가, 종교 및 개인적 친분 및 연관에 따라 다양한 비공식 조직이 구성된다. 이러한 비공식 조직은 겉으로 들어나지 않지만 어느 사회 및 조직에 존재함으로 이를 이용한 조직의 효율적 및 효과적 운영방안에 대하여 상위 직급자는 항시 인지하고 있어야 한다.

〈표 3-4〉 공식 조직과 비공식 조직의 비교

구분	공식 조직	비공식 조직
발생	인위적	자연적
중점	조직체계적	사회심리적
형태	합리성에 의한 대규모	인간관계에 의한 소규모

3.2 선박에서의 비공식 조직의 장단점

Model Course 요건 : 비공식 조직의 형태와 문제점에 대해 이해한다.

POSITIVE

- 선박 조직의 **경직성을 완화**하고 조직의 **신축성 부여**
- 조직의 **소속감**, 심리적 **안정감** 형성
- 리더의 능력을 보완
- 비공식 조직별 행동 기준 확립 가능
- **인원이 충분하지 않은 선박의 경우** 중요한 조직 관리 수단

NEGATIVE

- **관리자의 소외**와 **공식 권위의 약화**
- 정보의 사전 누설
- 개인의 불만이 집단으로 확산
- 공식 조직에 대한 **적대감**과 구성원들에게 심리적 **불안감** 조성
- **정실, 파벌** 조성의 위험

[그림 3-3] 비공식 조직의 긍정적/부정적 특징

3.3 선상 문화간 관계 개선 행동

Model Course 요건 : 문화간 관계개선을 위한 행동을 이해한다.

1) 모든 인간은 인격체로서 존중 받아야 한다.

2) 문화적 이질성은 좋고 나쁨으로 판단하지 않는다.

3) 타인을 대하는 자세는 일관성 있게 유지하도록 한다.

4) 문화적 성향의 이해와 함께 개인적 태도를 파악하도록 노력한다.

[분임 토의]

선박에서 조직될 수 있는 비공식 조직으로는 무엇이 있고 이러한 조직을 기존의 선내조직과 조화롭게 유지할 수 있는 방법을 분임조별로 토의하여 본다.

4. 인간의 실수

4.1 즉발적 실수와 잠재여건

Model Course 요건 :
즉발적 실수(Active Failure)와 잠재 여건(Latent Condition)에 대해 설명할 수 있다.

인적 요인, 승무원의 실수, 정비불량, 의사소통의 문제 등 사람 때문에 생긴 해양사고를 모두 합친다면 해양사고의 주요원인은 인간의 실수라고 해도 과언이 아니다. 오늘날 선박에는 안전 운항을 도모하기 위한 경보 및 여러 다양하고 복잡한 항해장비가 탑재되어 있지만 이를 조종, 관리하는 것은 결국 '인간이기에' 실수할 수밖에 없는 요인으로 작용한다.

또한 사람은 여러 가지 제약이나 압박, 안일함 등으로 인해 잘못된 인식과 결정을 내리게 되고 상부 관리자의 신념에 복종하는 선상 조직 문화 때문에 정확한 판단이 필요할 때 의사 판단 결정에 있어 문제를 일으키기도 한다.

이에 관련하여 영국해양경비청(Maritime & Coastguard Agency, MCA)에서는 Marine Guidance Note를 통해 해양사고 및 안전관리에서 식별되는 두드러지는 12가지 인적요인(The Deadly Dozen)들에 대해서 분석하여 배포한 바 있다. 이를 참조하면 인간이기에 발생할 수밖에 없는 실수들은 생각보다 밀접하게 우리 주변에 항상 잠재하고 있다고 볼 수 있다.

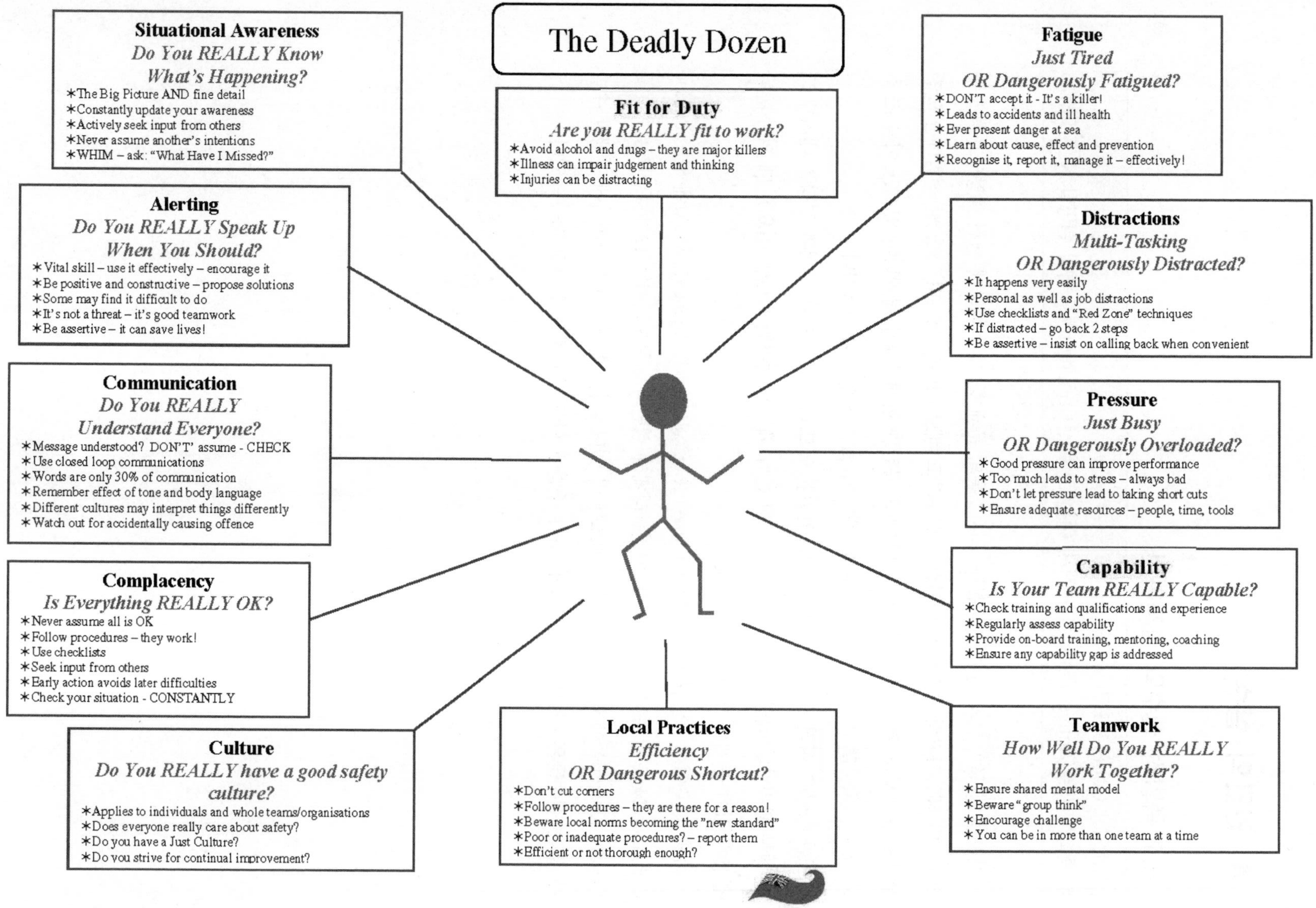

The Deadly Dozen

Fatigue
Just Tired
OR Dangerously Fatigued?
* DON'T accept it - It's a killer!
* Leads to accidents and ill health
* Ever present danger at sea
* Learn about cause, effect and prevention
* Recognise it, report it, manage it – effectively!

Distractions
Multi-Tasking
OR Dangerously Distracted?
* It happens very easily
* Personal as well as job distractions
* Use checklists and "Red Zone" techniques
* If distracted – go back 2 steps
* Be assertive – insist on calling back when convenient

Pressure
Just Busy!
OR Dangerously Overloaded?
* Good pressure can improve performance
* Too much leads to stress – always bad
* Don't let pressure lead to taking short cuts
* Ensure adequate resources – people, time, tools

Capability
Is Your Team REALLY Capable?
* Check training and qualifications and experience
* Regularly assess capability
* Provide on-board training, mentoring, coaching
* Ensure any capability gap is addressed

Teamwork
How Well Do You REALLY Work Together?
* Ensure shared mental model
* Beware "group think"
* Encourage challenge
* You can be in more than one team at a time

Fit for Duty
Are you REALLY fit to work?
* Avoid alcohol and drugs – they are major killers
* Illness can impair judgement and thinking
* Injuries can be distracting

Local Practices
Efficiency
OR Dangerous Shortcut?
* Don't cut corners
* Follow procedures – they are there for a reason!
* Beware local norms becoming the "new standard"
* Poor or inadequate procedures? – report them
* Efficient or not thorough enough?

Situational Awareness
Do You REALLY Know What's Happening?
* The Big Picture AND fine detail
* Constantly update your awareness
* Actively seek input from others
* Never assume another's intentions
* WHIM – ask: "What Have I Missed?"

Alerting
Do You REALLY Speak Up When You Should?
* Vital skill – use it effectively – encourage it
* Be positive and constructive – propose solutions
* Some may find it difficult to do
* It's not a threat – it's good teamwork
* Be assertive – it can save lives!

Communication
Do You REALLY Understand Everyone?
* Message understood? DON'T assume - CHECK
* Use closed loop communications
* Words are only 30% of communication
* Remember effect of tone and body language
* Different cultures may interpret things differently
* Watch out for accidentally causing offence

Complacency
Is Everything REALLY OK?
* Never assume all is OK
* Follow procedures – they work!
* Use checklists
* Seek input from others
* Early action avoids later difficulties
* Check your situation - CONSTANTLY

Culture
Do You REALLY have a good safety culture?
* Applies to individuals and whole teams/organisations
* Does everyone really care about safety?
* Do you have a Just Culture?
* Do you strive for continual improvement?

[그림 3-4] The Deadly Doze

해양사고는 천재 혹은 불가항력적인 사고가 아닌 한 단 하나의 직접적인 원인만으로 발생하는 경우는 거의 없다. 이를 뒷받침하는 이론으로는 J. Reason의 Swish Cheese 이론이나 도미노 이론에서 여러 개의 인과관계들이 결국엔 사고로 이어지는 것을 설명하고 있다. 즉 해양사고가 발생하는 데는 여러 가지 원인들이 있고 그 배후에는 복합적인 요인들이 사슬을 이루며 잠재하고 있다가 마지막 단계에서 어떤 계기를 통해 사고로 이어지는 것이 일반적인 패턴이다.

해양사고의 경우 인과관계의 사슬을 이루고 있는 요인들을 살펴보면 사고 직전 단계에서 이루어진 현장의 실수(즉발적 실수, active failure)와 그 이전에 누적되어 온 다양한 오류의 폐단, 허점들이 집적된 상태로 잠재되어 있는 과오(잠재적 잘못, latent failure)로 구분할 수 있다. 여기에서 잠재 여건(latent condition)이란 실수나 과실에 의해 사고가 일어나기 전 이미 잠재하고 있는 사고를 일으킬 수 있는 여건들을 말한다.

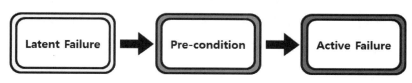

[그림 3-5] 즉발적 실수와 잠재여건

4.2 누락오류와 수행오류

Model Course 요건 :
인간의 실수 관련하여 누락오류(Error of Omission)와 수행오류(Error of Commission)를 설명할 수 있다.

인적 과실(human error)과 관련하여 인문학에서는 인간의 실수(error)에 대한 정의와 해석은 다양하게 정의되고 있다. 그 중에서도 가장 흔하게 범할 수 있는 오류 가운데 하나는 수행해야 할 항목 중 한 항목을 빠뜨리는 것으로 이를 누락(omission)이라고 한다. 이와 반대로 수행오류는 하지 않아야 할 일을 한 경우를 말하며 습관화된 수행이 주의 깊게 다루어지지 않았을 때 나타날 수 있다.

[분임 토의]

선박에서 발생할 수 있는 누락오류와 수행오류를 나열해보고 개선하기 위한 방안을 토의하여 본다.

4.3 실수고리(Error chain)

Model Course 요건 : 인간의 실수 연속으로 사고가 발생함을 이해한다.

사고 또는 과실은 일련의 실수들이 연속되면서 일어나며, 이런 연속되는 실수들을 실수 고리 (Error Chain)라고 부른다. 이런 실수 고리의 연결을 끊음으로써, 사고나 과실을 방지할 수 있다.

해상에서의 인적 실수 혹은 인적 과실이란 의도한 목적을 이루기 위해 계획한 행위들이 실패하여 의도하지 않은 결과를 야기했다는 것을 의미한다. J. Reason이 제안한 GEMS Framework에 의하면 계획자체는 적절한데 행위가 계획대로 이루어지지 않을 경우를 '실수 (slip)'이라고 하고, 행위는 계획대로 이루어졌지만 계획이 부적절하여 실패한 경우를 '착오 (mistake)'라고 한다. 또한 기억(memory)의 문제로 생긴 오류를 따로 구분하여 '기억실패 (lapse)'라고도 한다.

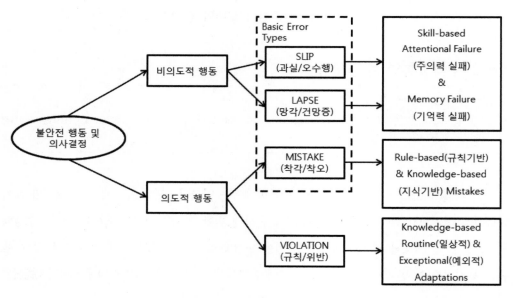

[그림 3-6] 인간실수의 유형

한편, IMO 에서는 선박에서의 인적 과실은 선원의 능력이 직무를 성공적으로 끝마칠 수 있기 위하여 필요한 수준 아래로 떨어질 때 발생한다고 보며, 이는 직무수행자의 능력 부재 때문이라기보다는 불리한 상황들에 의하여 직무수행자의 능력이 방해를 받았기 때문이라고 정의하고 있다(Formal Safety Assessment, IMO). 이러한 의견을 뒷받침하는 이론으로는 Shell 모델, 도미노 이론 및 스위스 치즈이론 등을 예로 들 수 있다.

1) SHELL 모델

미국의 항공심리학자인 에드워드의 SHEL 모델에 또 다른 작업자(L)와의 관계를 추가함으로써, 프랭크 홉킨스(Frank Hawkins)에 의해 개선된 모델로 작업자인 인간(L)과 기계, 장비 등 하드웨어(H)와의 관계, 운용상의 규정 및 절차 등을 나타내는 소프트웨어(S)와의 관계, 환경(E)과의 관계 그리고 또 다른 작업자인 인간(L)과의 상호관계를 도식으로 설명하고 있다.

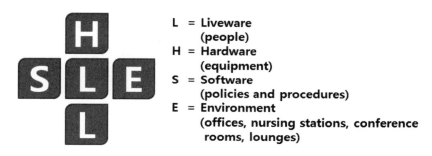

[그림 3-7] SHELL Model

2) 스위스 치즈 이론

인적 과실 연구의 대가인 리즌(James Reason)이 사고 발생과정을 작은 구멍들이 뚫린 스위스(Swiss) 치즈들을 가지고 설명한 것으로, 사고는 보통 연속된 일련의 인적 과실에 의해 발생하는 것이 일반적이고, 사고 이전에 오래 전부터 사고 발생과 관련한 전조가 있게 마련이라고 언급하고 있다. 이 모델에서는 사고의 방지를 위해 인적 과실의 방지를 가장 우선시하는데, 인적 과실의 방지를 위해서는 안전 장치와 에러 방지 체계들의 결함을 최소화해야 한다.

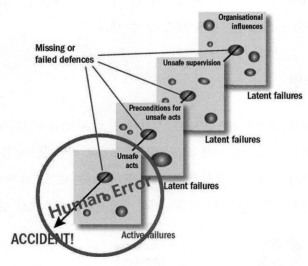

[그림 3-8] J. Reason의 스위스 치즈 이론

3) 도미노 이론

도미노(domino)이론은 하인리히(Heinrih)가 제안한 모델로, 재해가 발생하는 과정이 도미노의 연쇄적 붕괴 과정과 비슷하다고 보고 이를 재해발생 모델로 정립한 것으로 재해라는 것은 일련의 시간 축 상의 여러 사건들의 연속적 작용에 의해 나타나는 것이다. 이러한 연속적 작용 중 가정 환경과 사회 환경의 결함은 재해발생의 최초 원인이다. 이러한 원인들이 개인 결함으로 연결되고, 이것에 의해 인간의 불안전한 행동이나 불안전한 상태가 나타날 때 사고가 발생하게 되고, 이러한 사고는 이어서 재해로 연결될 수 있다.

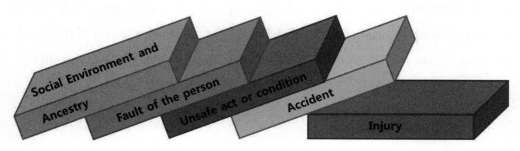

[그림 3-9] 하인리히의 도미노 이론

4.4 상황인식

Model Course 요건 : 상황인식(Situational Awareness)의 의미와 상황인식이 잘못
되었을 경우 나타나는 징후를 이해한다.

선박운항 중 승무원들은 다양한 정보를 감지하고 지각하며 습득된 정보를 작업 기억과 장기
기억에 저장하고 필요할 때 꺼내기도 한다. 한편, 상황판단을 하고 어떤 행동을 하기 위해 의
사결정을 하며, 결정된 사안을 행동으로 옮기게 된다. 이러한 일련의 정보처리 및 인지과정은
원활한 선박운항을 위해서 필수적인 정신활동이지만 이러한 인지과정에 문제가 생길 때 승무
원들은 실수를 범하게 되며 이는 사고로 연결되기도 한다.

1) 상황인식(Situational Awareness)

임무를 수행하고 있는 팀에서 주위 또는 팀 내부에서 어떤 일이 일어나고 있는지를 파악할
수 있는 단서들을 식별하고 처리하며 이해할 수 있는 능력이다. 상황인식(Situation awareness)
은 '특정 시간과 특정 공간에서 환경요소들을 지각하고 이를 바탕으로 현 상황을 이해하며 또
한 미래 상황을 예측하는 것'이라고 정의할 수 있다. 이러한 3단계 즉 지각, 이해, 예측은 특정
한 상황에 적용되는 개념이다.

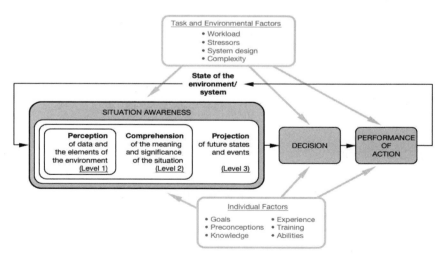

[그림 3-10] Endsley의 상황인식 모델

주변 환경에서 무슨 일이 벌어지고 있는가를 알아차리는(figuring out what's going on) 인지 행위로 특히 항해 시 상황인식은 아래와 같이 설명 할 수 있다.

- 항해환경 요소들의 변화와 자신의 선박 및 주위 선박들의 변화에 계속적으로 주의를 기울여 지각하고, 역동적으로 변화하는 상황들 간에 관계를 이해하여 항해 여건이 미래에 어떻게 변화할 것인지를 예측한다.
- 항해사는 현재 진행되고 있는 상황을 알고 현재의 상황이 어떻게 진행되어야 하는지를 알려주는 기준(목표 상황)과의 차이를 이해하여야 하고 필요한 행동을 취해야 한다.

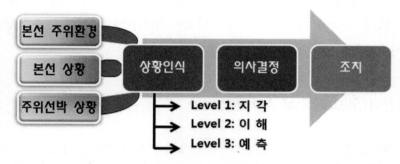

[그림 3-11] Endsley의 상황인식 모델을 항해당직에 적용시킨 예

2) 상황인식의 결여를 나타내는 사례들

(1) 모호함(Ambiguity), 불일치(Discrepencies)

- GPS와 Radar fix 위치가 서로 다름
- 해도의 수심과 측심기가 일치하지 않음
- 탱크 High level alarm이 울리나 게이지는 Level 이하임
- 냉동 컨테이너의 Supply air와 Return air의 온도차가 너무 큼

(2) 산만(Distraction)

- 도선사가 도선 중 VHF 음량이 지나치게 커 업무에 집중도가 떨어짐
- 항해 계기를 보는 시간이 지나치게 많음
- 업무의 우선순위 배정을 하지 않고 산만하게 이것저것 시도함

(3) 양호하지 않은 신체 상태 및 혼란, 불안(Unfit for duty, confusion)

- 몸이 아프거나, 극심한 피로를 느끼거나 이를 표현하지 못함
- 밀집되어 있는 어선군을 조우하였을 때 마음이 불안함

(4) 소통 붕괴(Communication breakdown)

- 지나친 주변 소음으로 인한 의사소통 불가
- 표준 용어 미사용
- 전달해야 할 정보를 상대방도 인지하고 있다는 데에서 오는 의사소통의 미시도

(5) 부적절한 조선과 경계(Improper con or look out)

- 위험 확인 시도를 하지 않음
- 적절히 경계하지 않음
- 윙 브릿지에서 마스트를 보고 조선함
- 충돌의 위험(Danger of collision)에 대한 평가를 하지 않음

(6) 계획된 목표가 지켜지지 않음
   (Noncompliance with plan, failure to meet planned targets)

- 항해나 기관 동작 중 설정된 목표나 타깃, 즉 선속, RPM, Way Point, 측심치 등이 계획대로 충족을 못 시키는 경우

(7) 잘못된 절차 사용(Use of improper procedure)

- 선박에서 시행되어야 할 업무진행 과정들이 잘못된 절차(방법)를 사용할 경우

3) 상황인식의 필요성

항해환경 요소들의 변화와 자신의 선박 및 주위 선박들의 변화에 계속적으로 주의를 기울여 지각하고 역동적으로 변화하는 상황들 간의 관계를 이해하여 항해 여건이 미래에 어떻게 변화

할 것인지를 예측할 수 있어야 한다.

항해사는 현재 진행되고 있는 상황을 알고 현재의 상황이 어떻게 진행되어야 하는지를 알려주는 기준(목표 상황)과 현 상황의 차이를 이해하여야 하고, 그리고 적시에 필요한 행동을 취해야 한다. 특히 주위 상황에 익숙해지면 상황자각에 소홀하기 쉬운데 예를 들어 자동차 운전자들은 친숙한 도로에서 교통법규를 더 많이 위반하고 사고율도 높으며, 입출항이 잦은 급유선, 폐기물 운반선, 도선사 승선 선박의 사고율이 높은 이유를 들 수 있다.

(1) 양호한 상황인식 사례 예시

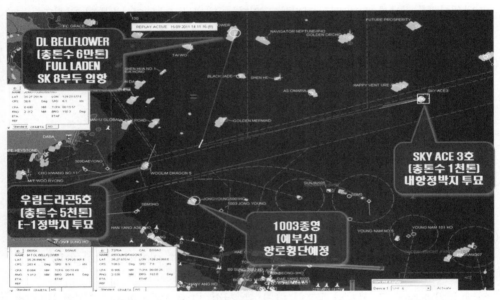

[그림 3-12] 울산항 통항관제

울산항 입구에서 4척의 선박이 조우한 상황에서 주위 선박들의 변화에 계속적으로 주의를 기울여 지각한 후 양호하게 피항을 한 상황이다. 총톤수 6만톤인 탱커 DL Bellflower호는 투묘지에서 남쪽으로 입항하기 위해 남향하고 있고, 총톤수 5천톤인 우림드라곤 5호는 정박지에 투묘하기 위해 북향하고 있으며, 총톤수 1천톤인 Sky Ace호는 내항 정박지에 투묘하기 위해 서행하고 있고, 예부선 1003종영호는 항로를 횡단하기 위해 북향하고 있었다. 울산항 관제실은 먼저 Sky ace 3호에게 속력을 낮추어 대형선 DL Bellflower호가 먼저 입항하도록 유도하고, 속력이 5놋트 정도밖에 안되는 예부선 1003종영호는 항로를 직각으로 통과시키면서 입항하는 Sky Ace 3호 앞을 먼저 통과시키도록 하면서, DL Bellflower호와 우림드라곤 5호는 방파제 앞에서 우현 대 우현으로 통항을 유도하여 방파제 입구에서 4척의 선박이 동시에 조우하는 상황을 안전하게 관제하였다.

(2) 실패한 상황인식의 예시

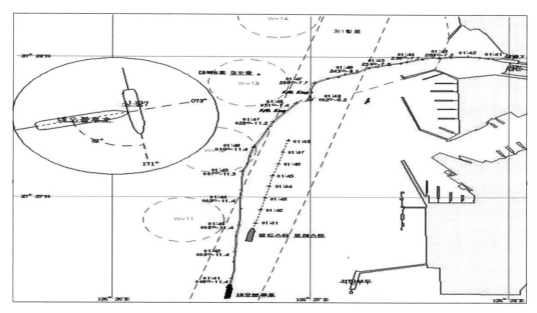

[그림 3-13] 인천항 충돌사고

네오블루호는 인천 북항에 입항하기 위하여 인천항 제1항로를 따라 항해하던 중 갑문에 입거하려고 감속한 로드스타 프로스트호를 추월하다 항로의 좌측 경계선을 벗어났다. 그 뒤 항로 우측을 향하여 우변침한 네오블루호(총톤수 4,259톤)는 인천 내항 제81번 선석에서 상하이항으로 가려고 인천항 갑문을 빠져 나와 인천항 제1항로를 가로질러 항로의 우측에 진입한 뒤 예정침로로 정침하던 싱광7(2,398톤)과 2009. 12. 3. 01:48:20경 인천항 연안항구 북방파제 등대 서남서방 600m 해상에서 충돌, 네오블루호의 선수부가 손상되고 싱광7이 침몰하면서 싱광7의 선원 1명이 사망하였다. 네오블루호는 ARPA 경보기능을 off 하고, 일항사는 상대선의 동정을 선장에게 보고하지 아니하였으며, 싱광7호 도선사는 상대선이 변침없이 북상할 것으로 예상하였고, 싱광7호 선장과 항해사는 레이더로 상대선을 관찰하였으나 도선사에게 보고하지 않았다.

[분임 토의]

실습한 선박에서 상황인식 실패로 인한 사고사례(사고가 날 뻔한 경우 포함)를 발표해 봅시다.

4.5 준사고(Near Miss)

Model Course 요건 : 준사고(Near Miss)를 이해한다.

1) 준사고(Near Miss)

준사고(Near Miss)란 상황이 지속되는 경우 위기가 발현될 뻔 했던 사고로 부상이나 손상을 방지하기 위한 행동을 속히 취해야 할 상황을 말한다. 예를 들어 갑판장이 갑판 위를 걸어가다 바닥에 떨어진 해치 커버 유압유에 미끄러졌지만 크게 다치지는 않았다. 갑판장이 미끄러진 이 준사고의 원인은 불안전한 작업 요인과 그것을 만든 시스템의 잘못이다. 갑판 상의 유압유가 준사고를 일으킨 불안전한 작업요인이라면 사전 정비 미비로 해치커버(hatch cover)에서 유압유가 흘러 내렸다면 시스템이 잘못된 것이다.

2) 하인리히의 1:29:300 법칙(Henrich's Law)

1930년대 초 미국의 한 보험회사의 관리 · 감독자였던 하인리히는 고객 상담을 통해 사고를 분석해 '1대 29대 300'의 법칙을 발견했다. 이 법칙(Heinrich's Law)에 의하면 1번의 대형사고가 발생하였을 경우 이미 그 전에 유사한 29번의 경미한 사고가 있었고, 그 주변에서는 300번의 니어미스가 발생한다는 법칙으로 1:29:300 법칙이라고 한다.

일본 도쿄대의 히다무라 요타로 교수는 '실패의 권유(2000년)'에서 한국의 삼풍백화점 붕괴, 일본 JOC 원자력 발전소 사고 등을 인용해 이 법칙을 설명하였다. 아울러 선상에서 발생할 수 있는 경미한 사고들에 대해 철저히 대응하고, 앞서 수많은 준사고들을 놓치지 않는 것이 관리 감독자의 책임이며 그것을 통해 실패나 사고를 예방할 수 있다.

예를 들어, 한 상품에서 치명적인 결함이 들어났다면 29회의 고객불만(클레임)이 회사에 접수됐을 것이며, 고객이든 사원이든 300번 정도 '뭔가 이상하다'고 느꼈을 것이므로 그것을 인지하는 것이 중요하다. 다시 말해, 준사고는 최종적인 사고의 전 단계이기 때문에 이를 방지할 수 있다면 사고의 예방이 가능하다.

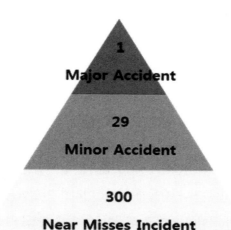

[그림 3-14] 하인리히의 1:29:300 법칙

4.6 자동화, 안일함 및 지루함

Model Course 요건 :
자동화 기기의 의존으로 나타나는 안일함, 지루함에 대해 설명할 수 있다.

기술의 발달은 과거 사람이 하던 많은 일들을 자동화 기기로 대체하게 되었고, 선박의 선교와 기관실에서 사람들이 직접 수행하던 경계와 감시 그리고 기계 조종들이 자동화되거나 원격화 되었다. 이런 환경이 지속되어 적용되면 선교팀원이나 기관실팀원은 자동화기기를 신뢰하게 되고 지나친 자동화기기의 신뢰는 곧 안일함으로 이어지고, 지루함에 빠질 수 있다. 이는 적절한 경계업무 유지 실패, 나아가서 자신의 책임을 잊어버리게 함으로써 선박을 안전하지 않은 상태(Unsafe Condition)로 이끌게 된다.

즉, 자동화 장비가 제공하는 정보를 지나치게 의존하거나 기계적으로만 받아들이면 항해사와 기관사의 상황인식은 당연히 떨어질 수밖에 없다.

4.7 안일함과 지루함의 처리를 위한 행동

1) 안일함과 지루함에 의해 초래되는 행위

안일함(complacency)이란 "자기만족에 빠져 급박한 문제점을 바로 알아차릴 수 없는 상태"를 말한다. 쉽게 지루해지고 졸거나 잠들게 된다. 이러한 안일함은 선박이 운항 중 주변 상황에 대해 안이하게 생각하여 위험이 없다고 생각할 수 있게 만드는 human error의 주요한 원인 중의 하나이다.

연구에 따르면 경계소홀로 인한 선박 사고 103건 중 58건은 시정이 양호한 맑은 날에 발생하였다. 또한 변침 관련 문제는 20건 중 17건(85%), 의사소통 오류는 11건 중 7건(64%)이 각각 시계가 좋을 때 발생하였다. 이는 항해사들이 시계가 좋으면 충돌사고 발생의 충분한 시간 전에 상대 선박을 바로 볼 수 있을 것이란 과도한 자신감 및 안일함에서 발생한 경우라고 할 수 있다.

선박 기관실 또한 다양한 장비 및 모니터링 장비가 탑재되어 있으며, 이러한 자동화 설비는 각 기기의 기능 이상이나 결함 발생시 자동적으로 알람(경보음)이 울리도록 설정할 수 있다. 최근에 선박 자동화 설비는 각 장비들이 서로 연결되어 가는 추세로 이상이 생긴 한 부분이 시스템 전체의 알람(경보음)을 울리도록 설정되어 있다. 그러나 기관사가 알람이나 그 소리가 알려주는 정보를 제대로 인지하지 못한다면 현재 직면한 상황을 인식치 못해 또 다른 위험을 초래하게 되는데 이를 항공분야 산업에서는 'Automation Surprise'라고 한다.

Automation Surprise는 종전의 Mode error(각기 다른 다양한 장비들의 데이터를 적절히 모니터링 하는데 있어 실수) 대신 글라스 칵핏(Glass cockpit) 환경에서 사용자가 디지털이나 시각·청각적 신호들을 적시에 인지하지 못했을 때 따라올 수 있는 인지 실패를 설명하는데 Automation surprise라고 정의하고 있다.

오늘날 선박은 다양한 자동화 장비와 함께 각 기기의 상태 및 기능을 알려주는 여러 정보를 표시하여 주는 기능을 포함한 장비들로 배치되고 있다. 어떤 자동화된 기능을 사용자가 충분히 인지하고 있는지 또한 그러한 기기의 여러 알람에 대해 충분히 적절한 시기에 상황에 맞게 대처하였는가는 매우 중요하다.

이러한 오류를 피하기 위해서는 선교와 기관실의 각종 장비의 기능이 설정된 목적에 따라 정확하게 계기판에 의해 표시되고 주기적으로 모든 장비의 Test button을 눌러 확인 해봐야 한다. 또한 많은 장비에서 신호로 울리는 알람 소리와도 친숙해질 필요가 있다.

선교와 기관실에서 자동화 설비에 따른 안일함과 지루함을 벗어나는 방법으로는 개인적 차이는 있겠지만 당직 중 선교팀과 기관팀에 근무하는 승무원은 아래의 사항에 대해 스스로 확인하고 점검하는 행동이 필요하다.

- 각종 장비의 기능이 설정된 목적에 따라 정확하게 작동하고 있는가?
- 각종 장비의 기능은 표시부에 적절히 표시되고 있는가?
- 주기적으로 각 표시부의 Alarm test는 하였는가?
- 선교팀 혹은 기관팀의 구성원간 정보의 공유는 충분히 하고 있는가?
- 각종 기기 및 장비에 대해 과신하고 있지 않은가?
- 주기적으로 확인하고 있는가?

2) 인간의 실수를 방지하기 위한 방법

'To error is human'이라는 말이 있듯이 인간은 실수를 하기 때문에 인간이라는 말을 종종 사용한다. 그러나 이러한 인적인 실수는 해상에서 사고로 이어진다면 크나큰 손실이 일어날 수밖에 없으므로 가능한 한 인적 오류를 범하지 않도록 시스템적 접근과 예방이 필요하다.

선교나 기관실에 인적 과실을 줄이기 위한 방안으로 다음의 사항들을 고려하고, 관리자는 그러한 개인 및 팀 내 실수를 줄이기 위한 실질적 노력이 필요하다.

(1) 실수가 일어나지 않도록 사전에 예방하기 위한 기준 또는 절차 설정

① 개인
- 인간의 특성(한계)에 대한 이해
- 관리자로서의 지식과 능력
- 솔선수범

② 집단(팀)

- 과감한 이의제기
- 최적화된 리더십
- 각종 매뉴얼과 checklist 활용
- 원활한 의사소통

(2) 실수 유발 가능성의 최소화

- 정확한 상황 파악과 이해
- 발생 가능한 모든 경우에 대비한 대응책 마련
- 숨어있는 원인 요소에 대한 사전 점검과 확인

(3) 실수를 피하고 최소화 할 수 있도록 하는 충분한 훈련

- 처음 시행하는 경우 사전 시뮬레이션 실시
- 통상적인 반복적인 업무의 경우 집중력 저하를 방지하기 위한 방안 마련

[분임 토의]

1. 선박에서 상위 직급으로 진급 시 실수를 예방하고 주어진 임무를 소화하기 위해 필요한 선상 교육훈련은 무엇인지 토의하여 보자.
2. 상황인식 실패로 인해 발생한 사고의 예를 들어보자.
3. 당직 근무 시에 상황인식을 하지 못하는 주된 이유는 무엇인지 토론해 보자.
4. 전자장비가 상황인식을 방해한 사례와 대책을 제안해보자.
5. 아래 글에서 각 단락 별로 상황인식이 결여된 징후와 사고를 막기 위하여 어떤 조치가 필요한지 제안해 보자.

A호는 4월 20일 11시 B항을 출항하여 C항을 향하였다. A호는 1항차 35일이 소요되는 항로를 다니고 있었으며, 항차가 짧아 선원인력 운용이 편하다는 이유로 새로 입사한 해기사들을 주로 배승하였고, 또 다른 배로 전선을 자주시켜 사관들의 교체가 잦았다.

도선사 도선 중 선장은 대리점에 전화를 하였고 C항 도선사 승선 예정 시간을 21일 02시로 통보 받은 뒤 선수미 팀을 해산시킨다. 부산, 상해, 닝보 구간은 짧은 항해 시간으로 인해 선원들의 workload가 심하였다.

21시 선장은 Drifting을 시작하였고 해도실에 들어가 잔여 항정을 20마일로 확인하고, M/F(13kts, 65RPM)이면 충분하다고 판단하여 자신이 승교하지 않더라고 자정에 출발할 것을 3항사에게 지시한 후 잠시 쉬기 위해 침실로 내려갔다.

2350분 삼항사는 선장이 승교하지 않자 지정한 시간에 엔진을 기동하여 출발하였고, 역시 선장이 지시한 65RPM으로 증속하였다. 00시에 승교한 2항사는 3항사로 부터 닝보도선사 승선 시간을 02시로 인계 받았고 이때 선박의 잔여항정은 22마일, 선속은 11.1kts였다.

0045분 선교에 승선한 선장은 2항사와 인사를 나눈다. 2항사는 군 경력자로 상선 승선 경력이 약 6개월이었고 선장은 이 선박에 승선한지 약 2개월 경과하였으며, 선장은 온화한 성품에 업무를 맡기는 스타일로 사관들과의 유대가 아주 좋았다.

선장은 선교 우측에 위치한 S-band Radar와 ECDIS를 관찰한 뒤, 강한 역조가 있음을 알고 2항사에게 RPM을 75로 증속할 것을 지시한다.

0054분 이항사는 본선 정선수 3.9마일 지점에서 침로 025°, 속도 7.7kts로 횡단하는 상대선을 초인하고 ARPA로 CPA 2마일인 상대선을 확인한 뒤 도선점을 향한 마지막 우변침을 시작하였다.

0107분 침로 및 선속 변경 없이 상대선은 좌현선수 1마일 전방까지 접근하였고 0.3마일 전 급히 우현 전타 하였으나 본선 좌현 선미와 상대선 좌현 선수부가 충돌하였다. 당시 A호 속도는 14.2kts였다.

5. 선상 훈련 프로그램

5.1 선상교육의 중요성

1) 교육의 의의

교육이란 사람이 그의 환경을 보다 효과적으로 다룰 수 있도록 하는 과정이다. 여기에는 지식과 경험의 취득 및 각 개인의 인간적 발전을 포함한다. 이것은 학교를 떠난 시점에서 멈추는 것이 아니라 생애를 통해 계속되는 과정임을 의미한다.

[그림 3-15] 선상교육 및 훈련 프로세스 구성

2) 선상 교육 프로그램의 중요성

STCW 95, 2010년 마닐라 개정에서 해기사가 가져야 할 역량에 관해 많은 변화가 있었으며, 이 역량을 근거로 체계화 된 선상 교육 프로그램이 운영되어야 한다. 역량을 충분히 갖춘 해기사는 선박의 안전운항을 위한 중요한 요소이며, 이런 이유로 선박에서 해기사가 충분한 역량을 갖추기 위해 교육 프로그램을 전달하고 관리하는 것은 관리자의 의무이다.

선상에서의 조직 구성원을 위한 교육은 선박에서 추구하는 목표를 보다 효율적으로 달성하기 위해 직무 수행에 필요한 지식과 기술을 연마하게 하거나, 가치관 및 태도 등이 바람직한 방향으로 변화할 수 있도록 하는 활동이기 때문에 중요하다고 말할 수 있다.

5.2 선상교육의 효과적인 적용

> Model Course 요건 : 선상교육의 효과적인 수행과 방법을 이해한다.

선상교육의 목표는 안전하고 효율적인 선박 운항에 필요한 역량(Competency)을 갖추게 하는 것이며 그 수행 과정을 역량관리라 할 수 있다.
- 역량 관리가 시스템으로 관리되어 측정되며 평가되어야 한다.
- 역량은 회사/선박의 목표와 부합하도록 연계되어야 한다.
- 역량의 측정이 가능하도록 역량 기준이 설정되어야 한다.
- 역량의 측정은 신뢰 할 수 있는 평가 절차와 방법에 의해 이루어져야 한다.

선상 교육의 종류로는 실습생 교육 훈련, 선박 및 주요 기기의 친숙화 교육, 상위 직무를 수행하기 위한 직무교육 및 법적으로 요구되는 법정 교육 훈련이 있다.

5.3 선상교육 담당자의 책임

> Model Course 요건 : 선상교육담당자의 책임과 기능을 이해한다.

선상 교육 담당자(Shipboard training officer: STO)는 선박에서 조직 구성원의 교육 프로그램의 이행과 진도 관찰의 책임을 가진다. 선상 교육 담당자는 조직 구성원이 필요로 한 친숙화 교육, 직무교육, OJT교육, 법정교육 등 이해할 수 있도록 적절한 지식을 전달하고 실제적인 방법이나 절차, 기술을 전달한다. 또한 전달한 학습의 내용을 피교육자들이 바르게 인지하였는지(교육자는 학습 내용을 전달하였지만 교육생들이 전혀 다른 의미로 인지하고 있는지)를 검토해봐야 한다. 이는 평가를 통해 수행할 수 있으며, 적절한 피드백의 제공은 효과적으로 교육의 목적을 달성하는데 큰 도움이 된다.

선상에서의 교육 담당자는 임명된 개인 혹은 상위 관리자만 되는 것은 아니다. 물론 선박 내 모든 교육과 훈련의 책임은 선장에게 통상적으로 부여되지만 필요에 따라 직무교육은 상위 직급의 해기사를 통해서 제공될 수 있으며 이론적인 지식 전달이 아닌 선상 경험에서 오는 노하우 전수는 경험이 많은 선배 해기사를 통해 이루어질 수 있다.

5.4 멘토링과 코칭

Model Course 요건 : 멘토링과 코칭에 대해 이해한다.

1) 멘토링(Mentoring)과 코칭(Coaching)의 의미

멘토(Mentor)라는 말은 그리스 신화에서 비롯되었다. 고대 그리스의 이타이카 왕국의 왕인 오디세우스가 트로이 전쟁에 출정하면서 한 친구에게 자신의 아들인 텔레마쿠스를 보살펴 달라고 부탁을 하였는데 그 친구의 이름이 바로 '멘토르'였다. 그는 오디세우스가 전쟁에서 돌아오기까지 텔레마쿠스의 친구, 선생님, 조언자 때로는 아버지가 되어 그를 잘 돌보아 주었다고 한다. 그 이후로 멘토라는 그의 이름이 '지혜와 신뢰로 한 사람의 인생을 이끌어 주는 지도자'라는 의미로 사용되었다.

코치(Coach)의 어원은 헝가리의 도시 코치(Kocs)에서 개발된 네 마리의 말이 끄는 마차에서 유래되었다. 당시 전 유럽에서 즐겨 사용하였던 마차는 코치(Kocsi)라는 명칭으로, 이 명칭이 영국에서는 코치(Coach)라고 불리워졌다.

2) 멘토링(Mentoring)과 코칭(Coaching)의 차이

멘토링은 조직이나 일반 산업에서 매우 중요한 인적자원 유지 및 관리, 역량개발과 육성의 방법으로 사용되고 있다. 멘토링이 어느 면에서는 코칭과 유사한 부분이 있다. 하지만 멘토링과 코칭은 엄연히 차이점이 존재하고 있다. 코칭은 실적 및 업무에 중점을 두는 반면, 멘토링은 성장 과정과 성장을 위한 학습에 중점을 두고 있다. 이에 코칭과 멘토링을 혼동하는 경우가 있지만 코칭은 항상 멘토링의 일부분을 차지하지만, 코칭이 항상 멘토링을 포함하지는 않는다. 멘토링 안에서 코칭은 개인이 좀 더 효과적으로 일처리 방법을 배움으로써 특정 지식을 획득할 수 있도록 돕는 기술과 관련이 있다.

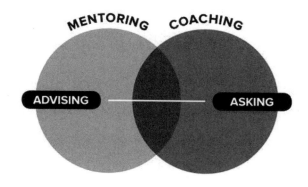

[그림 3-16] 멘토링과 코칭의 차이

　선상 인력 운영이 시간적으로 여유롭지 못한 상황에서 선상 구성원을 교육하는 가장 좋은 방법은 멘토링을 기본으로 하는 지속적인 관찰과 코칭이다. 두 방법의 차이점은

(1) 코칭은 업무 중심이며, 멘토링은 관계 중심이다
(2) 코칭은 단기간이며, 멘토링은 장기간 이루어진다.
(3) 코칭은 업무의 성과를, 멘토링은 개인의 발전을 도모한다.
(4) 코칭은 밑그림이 필요 없으나, 멘토링은 목표를 성취하기 위한 밑그림을 제공한다.

　훌륭한 멘토는 개인과 개인이 기꺼이 그 관계를 수용하고, 멘토 관계가 지속될 수 있도록 양자가 일상생활로부터 구체적인 지식에 이르기까지 역할모델이 되어야 한다는 점에서 현실적 한계가 있을 수 있다. 다만 선상에서의 바람직한 멘토링이란 선상 직무 훈련을 통해 개개인의 역량 개발 및 육성 활동으로 정의될 수 있는데, 선박에서 풍부한 경험과 전문 해기 지식을 가진 선배 해기사가 전담하여 후배 해기사를 지도, 코치 및 조언하면서 실력과 잠재력을 개발, 성장시키는 것에 중점을 두어야 한다.

3) OJT(On the job training)

　OJT(On the job training)은 조직이나 기업내에서 구성원 교육 훈련 방법의 하나로 피교육자는 직무에 종사하면서 직무 관련 지도교육을 받게 된다. 이는 조직이나 기업에서 요구하는 업무 능력과 조직 문화 적응을 위함이 주목적이다.
　OJT는 모든 관리자 및 감독자는 업무수행상의 지휘감독자이자 업무수행과정에서 부하직원의 능력향상을 책임지는 교육자이어야 한다는 생각을 기반으로 하여 추진되고 있기 때문에 지도자와 피교육자 사이에 친밀감을 조성하며 시간의 낭비가 적고 조직의 필요에 부합되는 직무교육 훈련을 할 수 있는 장점이 있다.

그러나 OJT의 효과적이고 실질적인 교육 제공을 위해서는 교육자의 높은 자질이 요구되며 조직이나 기업내에서 이루어지기 때문에 경우에 따라서는 교육훈련 내용의 체계화가 어렵다는 단점이 있다. 이에 따라 OJT의 대상은 비교적 하부조직의 직종이 되기도 한다.

[그림 3-17] OJT 구성요소

5.5 선상교육을 통한 교육생의 성과향상, 기록과 평가

Model Course 요건 :
선상교육을 통한 성과향상과 이를 기록/관리하는 방법에 대해 이해한다.

선상에서 일반적으로 이루어지는 교육은 그 목적과 대상이 분명하고, 계획적으로 운영되고 있다. 대표적인 선상 교육은 OJT교육을 포함하여 상위직급 교육, 법정 교육 및 기타 필요한 경우에 실시되며 기록 유지하고 있다.

법정 교육이 아닌 일반적인 직무 및 역량 교육을 교육제공일, 대상자, 교육자, 교육의 내용, 교육 결과 등을 기록하는 것이 일반적이며, 이 때 교육생의 이해 및 숙지를 바탕으로 실무에 반영을 높이고 적절하게 수행되어지는지의 여부 등을 관찰하고 기록하도록 한다. 실습생의 경우, 훈련 기록부상의 각 과업에 대하여 적합한 역량을 보여주었을 경우 검토하고 해당란에 날인 서명한다.

선상 교육에 대한 역량 평가는 다양한 방법이 사용될 수 있으나 무엇보다도 중요한 것은 결과가 차후에 반영되어 학생의 교육 이해도 및 실무 반영도가 높아질 수 있도록 평가하는 것이다. 선상에서 사용될 수 있는 교육의 평가는 다음과 같다.

(1) 실제 시연(Practical Demonstration)

(2) 활동성과에 대한 STO의 만족도

(3) 질문

(4) 프로젝트 수행 또는 완성에 대한 평가

평가

- 평가자는 평가 내용에 제시되어 있는 내용을 성공적으로 수행할 수 있는지를 평가해야 한다.
- 평가자는 다음 사항을 평가해야 한다.

학습 내용	평가 항목	성취수준		
		상	중	하
선상조직의 이해	- 선상조직도를 역할에 따라 구분하여 작성할 수 있다.			
선상조직의 문화적 특성 이해	- 선상조직에서 식별되는 문화적 성향의 종류를 나열할 수 있다.			
	- 선상생활 중 문화간 소통의 유의점에 대해서 설명할 수있다.			
비공식 조직의 식별	- 선박에서 구성되는 비공식 조직을 나열할 수 있다.			
	- 선박에서의 비공식 조직의 장단점을 공식조직과 비교하여 설명할 수 있다.			
인간의 실수 식별	- 인간실수의 유형에 대해서 나열할 수 있다.			
	- 인간의 실수를 줄이기 위한 요령을 설명할 수 있다.			
선상 훈련 프로그램의 이해	- 선상 교육의 중요성을 설명할 수 있다.			
	- 멘토링과 코칭의 의미를 비교 설명할 수 있다.			

태도 변화

- 지금까지의 학습내용을 정리하면서 나의 변화를 위한 내용들을 정리해 봅시다.

새로 할 것 / 개선해야 할 것	버려야 할 것 / 줄여야 할 것

조물주가 소를 만드시고 소한테 말씀하시길
너는 60년만 살아라!
단, 사람들을 위해서 평생 일만 해야 한다.
그러자 소는 60년은 너무 많으니 30년만 살겠다고
했다.

두번째 개를 만드시고 말씀하시길
너는 30년만 살아라!
단, 사람들을 위해서 평생 집만 지켜라.
그러자 개는 30년은 너무 길고 15년만 살겠다고 했다.

세번째 원숭이를 만드시고 말씀하시길
너는 30년만 살아라!
단, 사람들을 위해서 평생 재롱을 떨어라.
그러자 원숭이도 30년은 너무 길고 15년만 살겠다고
했다.

네번째 사람을 만드시고 말씀하시길
너는 25년만 살아라!
단, 너에게는 생각할 수 있는 머리를 주겠다.
그러자 사람이 조물주에게 말하기를
그럼 소가 버린 30년, 개가 버린 15년, 원숭이가 버
린 15년을 달라고 얘기 했다.
그래서 사람은 25살까지는 그냥저냥 살고
소가 버린 30년으로는 26살부터 55살까지 소 같이
일만하고
개가 버린 15년은 퇴직하고 집만 보고 살고
원숭이가 버린 15년으로는 손자손녀 앞에서 재롱을
떨며 살고...

老覺人生萬事非
(노각인생만사비)
늙어서 생각하니 만사가
아무것도 아니며,

憂患如山一笑空
(우환여산일소공)
걱정이 태산 같으나 한번
소리 쳐 웃으면 그만인
것을,

人生事空手來空手去
(인생사공수래공수거)
인생사 모두 빈 손으로
왔다가 빈 손으로 가는
것을...

어떻습니까?
온 세상이 훨씬 넓어
보이고,
아름답게 보이고,
편하고,
진실되게 보이는지요?

제4장 리더십과 팀워킹

<table>
<tr>
<td>학습 목표</td>
<td>
✔ 리더십과 관리의 차이를 이해한다.
✔ 지정된 리더와 기능적인 리더의 차이를 이해한다.
✔ 리더십 역량을 발휘하기 위한 자질요소와 기법을 이해한다.
✔ 초급사관에게 요구되는 리더십을 설명할 수 있다.
✔ 팀과 그룹의 의미를 이해한다.
✔ 선상에서의 팀 의사소통 방식을 이해한다.
✔ 팀의 사기가 어떻게 진작 또는 저하될 수 있는지를 설명할 수 있다.
</td>
</tr>
</table>

<table>
<tr>
<td>재료·자료</td>
<td>
▪ IMO 모델코스
▪ 리더십 서적
</td>
</tr>
</table>

1. 리더십

1.1 리더십과 관리와의 차이점

Model Course 요건 : 리더십과 관리가 어떻게 다른지 설명할 수 있다.

1) 리더십(Leadership)의 정의

리더십은 다른 사람의 활동을 지시하고 조정하며, 그들로 하여금 팀으로 일하도록 자극을 주는 능력을 의미한다.

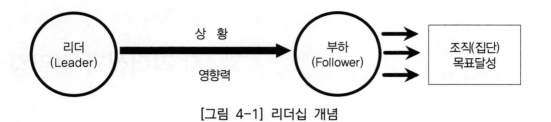

[그림 4-1] 리더십 개념

2) 관리(Management)의 정의

관리(또는 경영)는 계획, 조직, 계산 및 조정 등의 활동을 통하여 조직의 질서와 일관성을 추구하는 행위로 어떤 일을 효율적으로 처리하기 위해 책임과 권한으로 구성원을 통제, 지휘 및 감독하는 것을 의미한다.

3) 리더와 관리자와의 차이

〈표 4-1〉 리더와 관리자와의 차이

관리자의 특성	리더의 특성
책임수행	혁신주도
모방	창조, 발명
유지	개발, 변화, 희망
시스템과 구조에 초점	인간에 초점, 추종자와 공유
통제위주	신뢰에 기초, 신의, 의리
단기적	장기적 전략, 로드맵 실현
수직적 관계	수평적 관계
현상태 수용	현상태에 도전, 개척정신
전통적인 복종	인간관계 형성, 동기부여
일을 옳게 함(언제, 어떻게에 중심)	옳은 일을 함(무엇을, 왜에 중심)

4) 리더(리더십)의 역할 및 기능

① 개혁자의 역할 : 비전과 사명의 설정 및 공유
② 감독자의 역할 : 전략의 선택, 과업 실행 계획, 적절한 과업 분배
③ 생산자의 역할 : 조직 목표 달성을 위한 구성원의 동기부여

④ 조언자의 역할 : 구성원들의 기술, 지식 및 업무수행 능력의 지도

⑤ 촉진자의 역할 : 조직 내 갈등의 해소, 상호 신뢰 및 일체감 조성

⑥ 감시자의 역할

⑦ 중개자의 역할

[그림 4-2] 탁월한 리더들의 공통점

1.2 지정된 리더십과 기능적 리더십

Model Course 요건 : 지정된 리더와 기능적 리더의 차이와 장점을 이해한다.

'리더십'이라는 말 자체는 우리말로 옮기지 않고 일상적으로 사용하는 용어이다. 그럼에도 불구하고 일상적으로 사용되어지는 용어인 리더십을 한마디로 정의하기란 어렵다. 우선, 리더(Leader)란 '지도자', '지휘자', '통치자', '선도자' 등으로 옮겨질 수 있다면 리더십(Leadership)은 '지도자(지휘자, 통치자, 선도자)로서의 지위'나 '지도자로서 갖추어야 할 덕목, 특성, 행동' 또는 '지도자상(像)'으로 해석되거나 간단히 '지도력', '지도성', '지휘력', '선도력', '통치력' 등으로 해석될 수 있을 것이다.

이러한 리더십은 어느 조직에서건 사람을 하나로 묶어주고 조직 안에서 그들을 대변해 주는 역할을 수행한다. 또한 리더십을 가진 지도자는 다른 사람이 하는 일을 정리하거나 조정하는 책임을 지고 그들을 통해 뭔가 이루고자 하는 그룹 관리의 문제에 직면하게 된다. 이는 바로 리더십에 대한 필요성과 중요성을 말해 준다.

지정된 리더십	기능적 리더십
• 집단의 구성원이 리더 • 리더의 역할은 집단의 상황인식 지속적 유지 • 작업관리 및 감시자로서 구성원간의 일정한 거리 유지 • 실수와 잘못된 판단을 파악하기 위해 구성원 지속적 관찰	• 특정 및 전문가가 리더 • 상황에 따라 한시적이나 지휘권 보유 • 상황에 따라 경험 많은 사람으로 변경 가능 • 상황/과제가 종결되면 리더십 종결

[그림 4-3] 지정된 리더십과 기능적 리더십

1) 지정된 리더십(Designated leadership)

지정된 리더십은 선교팀, 기관실팀, 선수미 작업팀 등 각 팀의 팀원 중에 팀 리더가 지정되어 있는 것을 말한다. 이 리더의 중요한 역할은 자기 팀의 상황인식이 계속적으로 유지되는지 확인하는 안전관리자이다. 따라서 팀원의 행동을 관찰하기 위해 팀 활동으로 부터 약간의 거리를 유지하는 것이 효과적이다. 실수와 나쁜 판단을 잡아내기 위해 계속해서 팀 활동을 관찰하는 일은 아주 중요하다.

2) 기능적 리더십(Functional leadership)

기능적 리더십은 지식이나 전문적 기술을 바탕으로 조직을 이끄는 것을 말하며, 상황에 따라 한시적일 수 있으나 명령계통은 바뀌지 않는다. 특정한 지식이나 전문적 기술을 가진 팀 구성원이 그가 가진 정보의 중요성에 의해서 리더의 역할을 할 수도 있다. 경험이 많은 소수의 팀이라면 자동적으로 바뀔 것이다. 상황이나 과제가 해결되면 기능적 리더십은 종결된다.

3) 기능적 리더십의 이점

■ 상황에 적합한 다양한 리더십이 가능해짐

■ 자연적으로 전문적 지식과 경험이 가장 뛰어난 사람이 리더가 됨

■ 팀 구성원의 동기유발 및 적극적인 참여가 가능하며, 복잡하고 바쁜 상황에서도 팀워크가 강화됨

■ 초급 사관들을 양성하거나, 처음 직무를 맡는 개인의 책임감을 기르는데 효과적임

1.3 리더십 유형과 특성

Model Course 요건 : 리더십 및 리더십에 대한 여러 유형을 이해한다.

1) 일반적 리더십의 유형

(1) 독재적 리더십(Autocratic leadership)

독재적 리더십은 비록 이것이 팀이나 조직의 최대 관심사일지라도 제안할 수 있는 기회가 적게 주어진 동료들에게 권력을 행사하는 리더십의 극단적인 형태이다. 대부분의 사람들은 그런 취급을 분개하는 경향이 있지만, 강한 리더십을 요구하는 비상사태의 경우와 일부 규칙적인 일 및 비숙련된 일의 경우 엄격한 통제의 장점이 그 단점을 초과할 수 있는 것으로 효과적일 수 있다.

(2) 관료적 리더십(Bureaucratic leadership)

관료적 리더는 철저히 규칙과 절차에 따라서 '책에 의해' 작업을 한다.
이것은 기계 작업, 밀폐된 공간의 진입, 위험화물을 취급하거나 위험한 높이에서의 작업 등과 같은 심각한 안전 위험을 포함하는 작업에 매우 적합한 스타일이다.

(3) 카리스마적 리더십(Charismatic leadership)

리더의 카리스마적 자질이 리더의 비전이나 가치관에 대하여 부하들의 높은 신뢰감을 가지게 하여 열정적인 감정을 가지고 불가항력적으로 추종하게 만드는 리더십이다. 사람들은 인기 있는 정치가처럼 카리스마가 넘치는 리더를 쉽게 따른다. 하지만 리더가 지나치게 조직 구성원들에 의한 성공에 기인하며, 너무 자기 확신과 자기중심으로 되는 위험이 있다. 카리스마적 리더는 무거운 책임을 지게 되므로 장기적인 헌신이 필요하다. 리더가 단지 짧은 기간 동안 활동을 하는 경우 선내 상황은 악화될 수 있다. 카리스마적 리더의 특징은 다음과 같다.

① 자기확신 : 고도의 자신감, 자기신념에 대한 높은 확신, 남들에게 영향력을 행사하려는 강한 욕구 등을 가지고 있어서 부하들이 리더의 판단을 신뢰하게 함

② 인상관리 : 자기가 유능하고 성공적인 리더라는 인상을 심어주기 위하여 부단히 노력함

③ 이데올로기 비전 : 이데올로기 목표를 설정하여 부하들에게 장래에 대한 매력적인 비전을 제시함으로써, 조직 혹은 집단목표에 대해 깊은 의미를 부여하고 열성과 흥분을 자극함

④ 솔선수범 : 자신이 스스로 행동의 모범을 보임으로써 부하들의 행동, 가치관, 태도, 감정 등을 자기가 원하는 쪽으로 변화시킴

⑤ 감정적 호소 : 부하와 감정적 대화를 갖거나 연설로 호소함으로써 부하들을 설득하고 추종하게 함

(4) 민주적(참여적) 리더십(Democratic or participative leadership)

민주적 리더는 최종 결정에 대한 책임을 지지만 조직 구성원들이 의사 결정에 참여하는 것을 권장한다. 이런 스타일은 사람들이 구성원으로서의 소속감과 존중받는다는 것을 느끼며 개인적 개발이 고무되기 때문에 업무 만족도와 사기를 향상시킨다. 동기부여는 더 쉽게 발생된다.

결정에 도달하는 동안 문제에 대한 심의에 시간이 걸릴 수 있지만 만족스러운 결과를 가져오기가 더 쉽다. 이것은 또한 조직 구성과 소속감 및 운영에 기여하는 기회를 가져올 수 있다. 선상 운영 회의는 민주적 리더십의 기회를 제공한다.

(5) 방임적 리더십(Let it be leadership)

방임적 리더는 팀 구성원들이 그들 자신에 대한 일을 하도록 내버려 두는 리더를 말한다. 그것은 팀 구성원이 그들의 일을 함에 있어서 매우 숙련되고 유능한 경우에 적절할 수 있다. 일례로 선장 또는 기관장이 선원들에게 충분한 신뢰를 가지고 그들에게 배를 운전하게 하고, 무엇이 이루어지고 있는지를 모니터하여 이것을 팀에게 다시 전달하는 경우이다.

하지만 자유방임적 리더십은 상황이 빨리 손에서 벗어나기를 바라며, 선원들이 '그들 자신의 일을 하도록' 내버려 두는 부족한 통제력을 가진 약한 리더십으로부터 생길 수 있다.

(6) 과업 지향적 리더십(Task-oriented leadership)

업무 중심의 과업 지향적 리더는 종종 독재적인 방식으로 작업을 수행하는데 집중한다. 중량

물의 선적이 일례일 수 있다. 그 작업은 명확하게 정의되고 계획되며, 그 조직은 확실하며, 관련된 사람들은 자신의 역할을 알고 그것을 수행할 능력과 리더의 지시에 대응할 능력이 있다.

하지만, 이 방법은 너무 독재적으로 될 수 있으며, 의사결정 시에 무관여(무관심)의 감정과 수행되는 방법에 관한 불만을 야기할 수 있는 위험이 있다. 또한 리더에게 위험과 비효율성을 알리는데 대한 저항이 있을 수 있다.

(7) 인간(관계) 지향적 리더십(People-oriented or relations-oriented)

과업 지향적 리더십에 반대되는 리더십이다. 리더는 팀의 일원으로서 팀들을 조직하고 지지하며 개발하는 데에 초점을 둔다.

선상 작업은 종종 작업 계획 수립에 있어서는 사람 중심적 리더십을 필요로 하지만, 위험 화물의 적재와 같이 작업 수행에 있어서는 업무 중심적 리더십을 필요로 한다. 유능한 리더는 필요에 따라 두 유형을 적절히 사용할 것이다.

(8) 거래적 리더십(Transactional leadership)

거래적 리더십은 '선원'들이 '사관'들에 의해 주어진 지시에 따라야만 한다는 것을 알고 받아들이는 선상에서 전통적인 것이다. 이것은 선박에 승선할 때 수용된다. '거래'는 급여와 다른 보상에 대한 댓가로 작업이 수행되며, 리더는 미리 정한 기준을 달성하지 못하는 구성원들을 처벌할 권리를 갖는다는 것이다. 거래적 리더십 하에서 조직 구성원들은 그들의 작업 만족도를 향상시킬 수는 없지만 초과 근무수당과 같은 더 높은 기준 또는 더 많은 생산성을 고무할 수 있는 인센티브의 사용을 통해 댓가보다 더 많은 통제를 할 수 있다. 거래적 리더십은 좋은 날씨가 지속될 동안에 초과 근무에 의해 행해지는 도장작업처럼 단기성과를 강조하고 보상으로 부하의 동기를 유발하려는 것으로 리더십의 형태라기보다는 노무관리의 한 형태이다.

(9) 변혁적 리더십(Transformational leadership)

변혁적 리더는 조직 구성원들로 하여금 그에 대한 신뢰를 갖게 하는 카리스마는 물론 조직 변화의 필요성을 감지하고 그러한 변화를 이끌어 낼 수 있는 새로운 비전을 제시하며 팀을 효과적으로 격려하여 팀의 열정을 고무한다. 선상 운영은 거래적 리더십을 더 많이 요구하지만,

육상 운영은 사업 및 규제 환경의 변화에 대응하는 상급 레벨에서는 변혁적 리더십이 더 많이 요구된다. 거래적 리더(관리 레벨)는 정규적인 작업이 신뢰할 수 있게 확실히 수행되도록 하는 반면, 변혁적 리더는 새로운 가치를 더하는 진취성에 주의를 기울인다.

(10) 서번트 리더십(Servant leadership)

서번트 리더십은 미국의 로버트 그린리프가 1970년대에 처음 주창한 이론으로 '다른 사람의 요구에 귀를 기울이는 하인이 결국은 모두를 이끄는 리더가 된다'는 것이 핵심이다. 즉, 서번트 리더십은 인간존중을 바탕으로 구성원들이 잠재력을 발휘할 수 있도록 앞에서 이끌어 주는 리더십이라 할 수 있다. 서번트 리더는 종종 공식적으로는 리더로 인식되지 않는다. 조직 내 어떤 지위의 누군가가 단순히 팀의 요구를 만족시킴으로써 리드할 경우, 그 리더는 '서번트 리더'로 기술된다. 일례로 타고난 능력과 강력한 동기를 가지고 뒤에서 리드하는 선원, 그리고 불만의 결과로 선상 관리에 대해 저항하도록 리드하는 영향력을 가진 선원 등이다. 서번트 리더는 일반적으로 강한 가치관과 동료들에게 영향을 미치는 능력에 기초하여 강력하게 된다.

2) 나쁜 리더십 유형의 특성

① 나쁜 지도자(때때로 '독성 지도자'라 한다)는 리더와 부하들과의 관계 남용함
② 독성 리더십의 일반적인 특징은 다음과 같음
- 수다 / 표면 매력
- 자만
- 병리학적 거짓말
- 교활 / 조작
- 양심의 가책이나 죄책감의 부족
- 냉담 / 감정 결핍
- 얕은 감정적 영향(자기중심적)
- 자신의 행동에 책임을 인정하지 않음
③ 많은 리더들은 마이크로 관리, 과잉 관리 및 공포에 의한 관리를 하는 경향이 있고 권위주의적(만사를 자기 뜻대로 하려는 사람)임

④ 독성 리더는 자신의 결점을 감추기 위하여 다른 사람들을 혹평할 수 있고 함께 일하는 것을 무서워하고 심리적 스트레스를 받을 수도 있음

3) 관리격자(Managerial grid)의 리더십 유형 및 특성

관리격자를 과업과 인간에 바탕을 둔 두개의 차원으로 나누고, 그 안에 다섯 가지의 리더십 유형을 설정하여 구분한다.

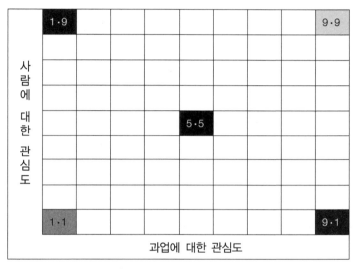

[그림 4-4] 관리격자

(1) (1 · 1형) : 방임형(무관심형, Impoverished)

① 특성
- 사람 또는 과업 모두에 대해 무관심함
- 자신의 직분을 유지하는데 필요한 최소의 노력만을 투입하며, 그럭저럭 지내려고 함
- 업무에 대해 지시만 내리고 방치해 두며, 어려운 문제가 발생하면 피하거나 적당히 처리해 버림
- 모든 것을 부하들에게 떠맡기고 실패에 대한 책임을 지지 않으며 남에게 전가함
② 문제의식
- 다른 사람의 결정이나 견해를 깊이 생각하지 않고 그냥 받아들임

- 다른 사람이 의견을 요구하면 '의견의 제시'를 남에게 맡김

③ 신념의 표명

- 항상 중립적 입장에 머물려고 노력함

- 남의 의견, 생각 및 행동 방안에 따르며, 정상적인 정보교환 이상의 것은 하지 않음

④ 갈등

- 갈등이 일어나면 가급적 중립을 지키든가 그렇지 않으면 그에 휩쓸리지 않으려고 노력함

⑤ 비평

- 질문을 받더라도 가급적 반응을 하지 않음

- 실수나 잘못이 있어도 자기에게 해가되지 않은 한 모르는 척 함

⑥ 의사결정

- 자신에게 큰 피해가 없으면 개입을 피함

- 자신은 결정하지 않고 남을 결심하게 하여 결정이 이루어지게 함

⑦ 영향

- 구성원의 사기와 업무 분위기 등에 부정적인 영향을 미침

- 구성원들은 리더로부터 아무것도 배우지 못하게 되며, 리더에 대한 권위나 존경심이 줄어들게 됨

(2) (1·9형) : 친목형(인간 지향형, Country club)

① 특성

- 사람에 대한 관심은 매우 높으나 과업에 대한 관심은 매우 낮음

- 원만한 인간관계를 최우선으로 하며, 조직 구성원들의 만족과 친밀한 분위기를 조성하는데 노력함

- 구성원들의 욕구나 동기를 충족시켜주면 구성원들이 스스로 자기의 일을 알아서 수행할 것이라는 전제를 함

② 문제의식

- 제기된 문제에 대해 다른 사람들과 의견이 일치되는 것을 확인함

- 조화를 유지하기 위하여 다른 사람과 상이한 생각이나 의견은 가급적 제시하지 않음

- 모두가 좋아할 사실, 의견 및 결정을 추구하고 다른 사람의 일에 대해서 시비를 걸지 않음
③ 신념의 표명
- 다소 하고 싶은 말이 있어도 다른 사람의 생각이나 의견을 받아들이고 지지함
- 다른 사람들에게 좋은 감정을 표현하고 그들이 듣기 좋은 말을 하도록 함
④ 갈등
- 갈등이 일어나지 않도록 애쓰며, 갈등이 발생할 경우 관련된 사람들의 감정을 무마시켜서 모두를 사이좋게 만듦
⑤ 비평
- 구성원들의 용기를 북돋아 주고, 좋은 점은 칭찬하지만 나쁜 점에 대해서는 언급을 하지 않음
⑥ 의사결정
- 우호적인 관계를 유지하기 위하여 가급적 다른 사람에게 결정권을 양보함
- 경우에 따라서는 지금 하지 않으면 안 될 일을 희생 해서라도 남의 관심사를 우선적으로 다룸
⑦ 영향
- 요구되는 업무성과의 기준을 낮추고 잘못된 자신감을 갖게 함
- 상황 전개에 별 관심이 없으며, 예기치 않는 상황의 발생을 경계하지도 않음
- 리더의 업무에 대한 무관심은 구성원들의 의욕을 저하시킴

(3) (9 · 1형) : 과업형(과업 지향형, Task or authority-obedience)

① 특성
- 과업에만 관심을 가지며 인간에 대한 관심은 적음
- 과업의 목표 달성을 위하여 최대한의 노력을 하지만 구성원들의 의견이나 감정 등에는 거의 관심을 가지지 않음
- 권력으로써 주위 사람들을 지배하며, 구성원들이 복종하지 않으면 직성이 풀리지 않음
② 문제의식
- 어떠한 상황에서도 자기의 주관하에 조직을 관리함
- 다른 사람들의 의견을 무시하거나 받아들이더라도 최소한으로 국한함

- 구성원들이 실수하지 않는지를 눈여겨 봄
③ 신념의 표명
  - 항상 자신이 옳다는 전제 하에 다른 사람의 견해를 부정하고 자신의 결정을 관철시킴
  - 남의 감정에 개의치 않고 자신이 생각하는 것을 직접적인 방법으로 지시함
④ 갈등
  - 협동에 대한 자세는 상명하달에 있으며, 다른 사람으로부터의 지적은 거의 받아들이지 않음
  - 갈등이 발생하면 그것을 강압적으로 묵살하거나 자기의 주장을 관철시킴
⑤ 비평
  - 다른 사람의 실수나 과실은 직무에 임하는 자세가 나쁘기 때문이라고 생각하며, 반드시 지적하고 책임을 물음
⑥ 의사결정
  - 자신이 결정을 내리는 것이 대단히 중요하다고 생각하며, 다른 사람으로부터 영향을 받는 일이 거의 없음
  - 업무에 관해 다른 사람의 의견은 듣지만 자기의 방법에 대해 부정적으로 이야기하면 방어적으로 대응함
⑦ 영향
  - 구성원들이 침묵하고 방어적이게 되며, 의사소통이 나빠지게 됨
  - 구성원의 사기가 저하되고 업무능력이 하락됨

(4) (5·5형) : 중도형(절충형, Middle of the road or organization man)

① 특성
  - 과업과 인간적 요소를 절충하여 적당한 수준의 성과를 지향함
  - 다른 사람과의 의견차이가 있으면 타협, 순응 또는 조정을 통하여 타협점을 찾아 문제를 해결하려고 함
  - 마음만 먹으면 좀 더 잘 할 수 있는데도 적당히 만족해 버림
② 문제의식
  - 대체로 사실을 액면 그대로 받아들이지만 모순이 명확해지면 이를 조사함

- 의견이나 결정을 일단 검토해 보지만 깊이 있게 추구하지 않음
- 여러 사람이 수용할 수 있는 결론을 찾기 위하여 다른 사람의 의견이나 생각을 고려함

③ 신념의 표명
- 의견이나 생각을 잠정적으로 표현하고 행동함으로써 다른 사람들과 지나치게 대립하는 것을 피함
- 다른 사람들이 자신의 의견을 받아들이도록 하기 위하여 자기의 생각이나 감정을 조절함

④ 갈등
- 갈등이 발생하면 모든 사람들이 받아들일 듯한 해결책을 찾음
- 오래된 관습을 중시하고 그렇지 않을 경우에는 문제가 발생한 후에 생각함

⑤ 비평
- 비공식적 또는 간접적인 방식으로 깊이가 없는 반응을 함

⑥ 의사결정
- 비록 완전하지 않더라도 다른 사람들이 수용하기 좋은 실행 가능한 결정을 찾음

⑦ 영향
- 의사소통은 하지만 만족할만한 수준은 아니며, 적당히 타협하고 조정함으로써 갈등을 피함
- 적당한 타협점을 찾음으로써 갈등은 해결하지만 결정적인 상황에 타협안의 도출이 늦어지거나 최선의 결론을 얻을 수 없음
- 우유부단한 적당주의적 태도는 구성원의 협조에 나쁜 영향을 미침

(5) (9 · 9형) : 이상형(팀형, Team)

① 특성
- 인간과 과업 모두에 많은 관심을 가지고 있는 최고의 유형임
- 구성원들의 의견을 존중하여 상호 신뢰적인 관계를 구축하고, 그들의 동기유발과 참여 의식을 조성하여 응집력이 있는 작업 집단을 만듦

② 문제의식
- 적극적으로 자료를 수집하고 확인함

- 자신이나 다른 사람의 소신, 결정 및 사실의 건전성과 객관성을 부단히 재검토함

③ 신념의 표명

- 자신의 관심사 또는 하고 싶은 있는 일을 표현함
- 다른 사람의 의견, 생각 및 행동을 구하며 귀를 기울임
- 다른 사람의 의견이 납득되면 곧 자신의 생각을 바꿈

④ 갈등

- 갈등이 발생하면 그 이유를 밝혀내고 원인을 해결하도록 노력함

⑤ 비평

- 업무 중에도 적절히 반응을 해 줌
- 과업이 끝난 후에 구성원들 상호간의 비평을 검토, 반성하여 학습에 대한 기초로 함
- 실수나 잘못의 원인을 파악하려 하고 그것을 교육적으로 도움이 되게 함

⑥ 의사결정

- 다른 사람으로부터 제공되는 모든 정보를 객관적으로 검토하고 건전한 결정에 도달하는 것이 중요하다고 생각함
- 주위 사람의 이해와 동의를 구함

⑦ 영향

- 문제에 대해 스스로 해결하는 방법을 찾도록 함으로써 구성원들이 적극적인 사고방식을 갖게 함
- 서로가 솔직하고 활발하게 의사소통을 하며, 이의제기가 올바르게 진행됨으로써 상호협조하는 분위기가 형성됨
- 구성원들에게 동기가 부여되고 사기가 높아짐

1.4 리더십의 유형을 결정하는 요소

Model Course 요건 : 리더십의 유형을 결정하는 요소를 이해한다.

1) 인격가면(Persona)

페르소나(Persona)는 심리학에서 타인에게 비치는 외적 성격을 나타내는 용어이다. 심리학자 구스타프 융(Carl Gustav Jung)은 인간은 천 개의 페르소나(가면)를 지니고 있어서 상황에

따라 적절한 페르소나를 쓰고 관계를 이루어 간다고 한다.

즉, 자아가 겉으로 드러난 의식의 영역을 통해 외부 세계와 관계를 맺으면서 내면 세계와 소통하는 주체라면, 페르소나는 일종의 가면으로 집단 사회의 행동 규범 또는 역할을 수행한다. 따라서 페르소나를 통해 개인은 생활 속에서 자신의 역할을 반영할 수 있고 자기 주변 세계와 상호관계를 성립할 수 있게 된다.

[그림 4-5] 페르소나, '가면(mask)'

2) 자신감(Assertiveness)

자신감의 높고 낮음이 리더십의 유형을 결정한다. 리더에게 중요한 것은 개인의 역량보다도 자신감이다. 특히 리더는 부하 조직원 앞에서 항상 당당하고 자신감 있는 모습을 보여주어야 한다. 그래야 그들에게 신뢰와 확신을 줄 수 있다. 리더인 내가 스스로에 대한 자신감이 없다면 조직 구성원 그 누구도 결코 본인을 리더로 인정하지도 따라오지도 않을 것이다. 특히 비상시에는 높은 자신감을 발휘하여 팀 구성원에게 신뢰를 주도록 해야 한다.

3) 단호함(Decisiveness)

업무 진행 중 의사결정이 필요한 경우 우유부단함은 적절하지 않다. 효과적인 리더십은 의사결정 시 단호하게 결정하되 외골수처럼 행동하지 말아야 한다. 단호하게 결정했다고 해서 벽창호나 외골수처럼 그것을 곧이 곧대로 추진해야 한다는 것은 아니다. 물론 의사결정을 하였다면 실행에 옮기고 그러한 일련의 과정들은 모니터링되거나 피드백하여 성과에 효과적이어야 한다.

하지만 새로운 정보를 얻었거나 새로운 상황에 처했을 때 그 상황에 맞는 유연함을 발휘할 수도 있어야 한다.

4) 감성지능 적용(Applying emotional intelligence)

감성지능은 자신과 타인의 감정을 효과적으로 처리할 수 있는 능력을 의미한다. 선박이라는 조직에서 감성지능을 적용할 때 감정들을 전문적이고 효과적인 방식으로 인식, 표현, 이해 및 관리하는 능력을 의미한다. 이를 통해 다른 사람의 감정을 얼마나 잘 읽고 대응하는지의 정도를 말한다.

진정한 리더 앞에서 사람들은 마음이 쉽게 움직일 것이며, 선박의 다양한 상황에서 적시에 의사를 결정하고 조직구성원과 함께 실행에 옮기기 위해서는 단지 업무지시로써 하달이 아닌 관계 중시를 토대로 한 구성원의 이해에서 조직을 이끌 때 구성원의 마음을 사로잡을 수 있다.

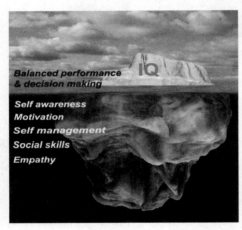

IQ(지능지수; *Intelligence quotient*)
 - 균형잡힌 수행 및 의사결정

EQ(감성지수; *Emotional quotient*)
 - 자기인식
 - 동기 부여
 - 자기 관리
 - 사회성
 - 감정이입

[그림 4-6] 다니엘 골먼의 감성지능의 개념

1.5 리더의 자질

Model Course 요건 : 리더십에 필요한 자질을 이해한다.

선박에서 전형적인 선상조직이든 아니면 팀을 이루어 선내 업무를 진행하든 간에 리더십 발휘가 요구된다. 진정한 리더십을 발휘하기 위한 자질적 요소를 살펴보면 아래와 같다.

[그림 4-7] 리더십 자질

1) 자기인식(Self awareness)

자기인식(Self awareness)이란 자기 자신이 가지고 있는 능력과 성격, 가치관, 선호하는 것들을 스스로가 이해하는 것, 즉 자기 자신을 아는 것이다. 특히 관리자라면 자기인식 없이는 조직원들의 행동과 반응을 충분히 이해하기 어렵다. 자기 내면을 이해하지 못하는 리더는 의견을 내거나 지시를 할 때 부적절한 행동이나 권위적인 모습만을 보일 수 있다. 또는 타인의 감정에 대해 무신경 하거나 너그럽지 못할 수 있다.

2) 상황인식(Situational awareness)

자신이 속한 팀이 무엇을 했으며, 지금 무슨 일을 하고 있으며, 앞으로 무슨 일을 하여야 하는지를 아는 것은 리더로서 갖추어야 할 중요한 자질이다. 이 같은 올바른 상황인식을 바탕으로 정보를 해석하고 바른 판단으로 의사결정을 내림으로써 과업의 목표를 분명히 하고 사고를 예방할 수 있다.

3) 대인 관계 기술(Interpersonal skill)

여러 상황에서 타인의 능력, 감정, 요구 등에 대한 적절한 고려와 반응을 현명하게 하면서 존중으로써 상대방을 대하는 것은 리더의 수준을 결정한다.

4) 동기부여(Motivation)

선상에서의 동기부여란 선상 구성원으로 하여금 업무를 적극적으로 행할 의욕을 일으키도록 동기를 부여하는 것이라 정의할 수 있다. 조직의 리더가 강압적인 명령에만 의존하여 업무를 지시하는 경우 조직의 구성원들은 수동적인 행동을 보여 일정한 지시가 있지 않으면 업무에 충분히 몰입하거나 요구되는 성과가 나오지 않는 경향이 생긴다.

궁극적인 동기부여는 조직 구성원들의 참여와 일하려는 의사를 자극함으로써 업무 성과나 목표를 달성할 수 있도록 한다. 또한 인적 자원의 잠재력을 최대한 활용하여 일에 대한 의욕을 가질 수 있도록 관리자는 스스로 지속적인 학습 및 개발, 적절한 동기부여를 통한 구성원의 자아 발전과 성취감을 자극할 수 있어야 한다.

5) 존중(Respect)

리더는 유연한 조직의 형태를 바꿀 수 있는 실질적인 힘을 가지고 있으며 여기에 조직원들 간 갈등을 조정하고 협력을 이끌어 낼 수 있는 가장 가까운 사람이다.

선박이라는 조직도 마찬가지지만 한 명이라도 선박 조직원이 자신의 역할을 제대로 수행하지 않는다면 그 선박은 안전하게 운항하지 못할 것이다. 리더라면 내 팀원들이 하는 업무 중 어느 하나라도 중요하지 않은 것은 없으며, 아무리 쉽고 간단한 일을 하는 팀원이라 하더라도 그 팀원을 존중해 주는 리더십이 필요하다.

1.6 리더십의 기법

Model Course 요건 : 리더십을 적용하는 기법을 이해한다.

리더는 모든 계층과 모든 상황에서 필요하다. 모든 상황에 적합한 '올바른' 리더의 유형은 있을 수 없으며, 리더는 '리더, 하급자, 과제 그리고 환경' 등을 고려하여야 한다.

예를 들어, 리더는 꽤 구조적인 유형이고, 하급자들은 자율적으로 일하기 원하며, 과제가 느슨하게 정해진 상황이라면 과제와 하급자들은 서로 적합하지만 리더는 맞지 않는다. 즉 어떤 상황에서든 세 자기 요인은 서로를 향해 움직일 것이며, 신뢰를 잃지 않기 위해서는 조직의 설정, 즉 환경에 달렸다.

선박에서의 리더란 각 직책과 역할마다 기능과 역할을 달리 부여할 수 있으나, 일반적으로 리더는 다음의 요소를 충분히 활용한다면 적절한 리더십을 발휘할 수 있다.

(1) 시범 보여 주기(Leading by example)

(2) 업무의 성과를 설정하기(Setting expectations)

(3) 조언하기(Providing oversight)

(4) 위임(Delegate)

모든 상황에 적합한 한 가지 리더십은 없다. 좋은 리더는 상황, 구성원 및 업무에 따라서 리더 스타일을 바꿀 필요가 있다.

가장 효과적인 리더십 유형을 선택하기 위해서는 다음 요소를 고려하여야 한다.

- 팀의 기술 수준과 경험
- 작업의 내용 (일상적 또는 새롭고 창조적)
- 조직의 환경 (안정적 또는 근본적인 변화, 보존적 또는 모험적)
- 선호되거나 또는 천성적인 리더십 스타일

1.7 바람직한 리더십 개발

Model Course 요건 : 바람직한 리더십을 개발하는 방법을 이해한다.

1) 리더십 개발 원칙

- 성공을 위한 첫째 단계는 자신의 리더십을 강화하는 것이다.
- 의사소통은 신뢰하는 상호관계에서 만들어진다.
- 동기부여는 강제될 수 없다.
- 진실한 관심을 보이는 것이 가장 효과적이고 보답적이다.
- 객관적으로 구성원들의 중요한 것이 무엇인지를 발견하여야 한다.

- 좋은 청취자보다 더 설득력이 있는 사람은 없다.
- 오늘날의 리더는 팀 플레이어이다.
- 구성원들을 참되게 존중하는 것은 동기부여의 기반이다.
- 구성원은 돈 때문에 일을 하지만 인정, 칭찬 및 보람을 더 원한다.
- 실수는 빨리 인정하고 비판은 천천히 하되 건설적이어야 한다.
- 도전적으로 달성할 수 있는 목표를 설정하라.
- 초점을 잃지 말고 큰 그림에 초점을 맞추어라.
- 높은 성과는 일과 휴식사이의 균형으로부터 나온다.
- 적극성으로부터 힘을 얻고 부정적인 것에 의해 약화되지 마라.
- 걱정을 다스리고 열정을 돋우어라.
- 열정의 힘을 결코 과소평가하지 마라.

2) 리더십의 5원칙

[그림 4-8] 리더십 5원칙

3) 리더십을 위한 5M

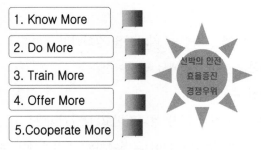

[그림 4-9] 리더십을 위한 5M

1.8 초급사관에게 요구되는 리더십

Model Course 요건 : 초급사관들에게 요구되는 Leadership을 설명한다.

1) 신뢰 확보

어떤 직위이던 간에 새로운 환경에 배치되면 기존 구성원들은 배타적일 수 밖에 없다. 초급사관이 직무를 수행하기 전에 배타적인 분위기를 우호적인 분위기로 전환하기 위해서는 나름의 자료수집과 계획으로 의사소통을 진행하여 기존 구성원들의 신뢰를 확보하여야 한다. 신뢰없이는 구성원들의 협력을 얻을 수 없다.

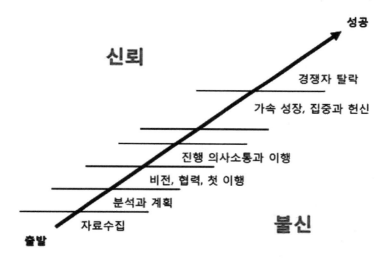

[그림 4-10] 신뢰와 불신

2) 초급사관의 리더십

(1) 자기 자신의 됨됨이를 알려고 노력하여야 한다.
(2) 상급사관들은 과거 자신이 초급사관일 때를 생각하여 하급자들의 감정을 읽도록 노력하여야 한다.
(3) 상급사관은 자신의 직무를 하급사관이나 부원에게 위임할 수 있어야 한다.
(4) 질문에 대답할 수 없는 것을 수용하는데 결코 두려워해서는 안 된다.
(5) 하급자의 직무수행 노력을 확인하고 포상을 통해 개인과 집단의 사기를 진작시켜야 한다.

(6) 선원들을 지나치게 재촉해서는 안 된다.

(7) 징계문제를 결코 개인적 문제와 결부시켜서는 안 된다.

(8) 자신의 상사에 대한 이야기를 할 때 위험한 주제는 신중을 기해야 한다.

(9) 하급자들이 보는 앞에서 쓸데없는 농담이나 언쟁을 하지 않도록 한다.

(10) 일단 지시가 나갔으면 관련된 작업이 완전히 끝날 때 까지는 또 다른 지시를 하여서는 안 된다.

(11) 지시한 작업의 결과를 수용하고 핀잔을 주어서는 안 된다.

[사례 - 2기사의 리더십 실패]

2기사로 처음 승진하여 주로 그와 함께 작업조를 이루어 일하는 필리핀 기관수 John(15세 연상)과 잘못된 출발을 하였다. 기관수는 성실함과 세밀함 특히 보고하는 자세 등이 다소 불량하였고, 2기사는 이러한 점을 지적하며 가끔씩 나무라기도 하였지만 기관수는 "자신은 최선을 다하고 있다"며 이에 동의하지 않아 논쟁이 벌어졌다. 2기사는 사관으로서의 권위를 주장해야 하는 것을 느꼈고, 앞으로 제대로 해 줄 것을 기관수에게 요구했다. 기관수는 젊은 한국 기관사들이 지나친 권력을 행사하는 것을 전에도 수차례 경험했었고 자신은 정당하다고 생각하면서 2기사의 요구에 순응하지 않았다. 2기사는 당황하였고 "도대체 뭐하는 거야, 내가 사관이고 그는 기관수인데"라고 생각했다. 만남은 정중한 대화로 시작하지 않았고, 공통된 이해는 전혀 없이 분쟁이었으며, 당연히 기관수가 자신의 행위를 인정하지 않는 것은 그가 패배자가 아니라는 것을 의미한다.

어느 날 Day work 진행 중, coffee break 시간에 커피를 준비하던 기관수 John은 커피를 따른 후 2기사 커피 컵에 침을 뱉었다. 기관수 John은 회심의 미소를 머금었지만 2기사는 결코 알 수 없는 일이었다. John은 복수를 즐기고 있었고 앞으로도 더 많은 기회가 있을 것이다.

[분임토의]

1. 당신이었다면 기관수에게 어떻게 대응하겠는가?
2. 상대적으로 젊은 해기사로서 연상의 부원과 관계를 어떻게 설정하는 것이 좋겠는가?

1.9 독재적 리더십의 비 효과성

Leadership = Leader × Followers

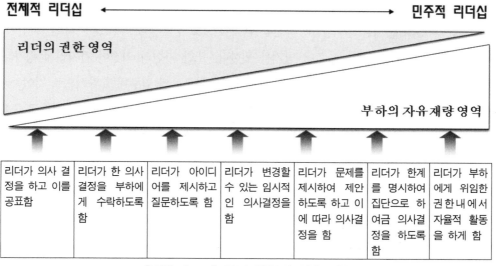

[그림 4-11] 리더 행동의 연속모형

독재적 리더십이 비효율적인 방식임에도 불구하고 선박에서 사라지지 않는 이유는 선박의 직무가 안전과 해양오염 방지에 소홀함이 없어야 하기 때문이다. 그러나 독재적 리더십 하에서는 팀원들이 자신들의 의견을 말하지 않을 가능성이 많아지므로 모니터링을 포함한 협력을 얻을 수 있도록 노력하여야 한다.

1.10 개인 또는 팀의 사기 진작

1) 동기부여

동기부여(動機付與)는 어떤 목표를 지향하여 생각하고 행동하도록 하는 일이다. 동기부여는 인간을 포함하여 동물이 행동하는 원인이 된다. 행동의 방향성을 정하는 요인과 그 행동의 정도를 정하는 요인으로 분류할 수 있다.

동물이 행동을 하는 경우, 그 동물에는 어떠한 동기부여가 작용하고 있는 것으로 생각할 수 있다. 또 그 행동의 정도가 어떤지에 따라 그 동기부여 크기의 차이를 생각할 수 있다.

2) 자존감(Self esteem)

사람들은 자신의 존재를 알아주고, 자신을 한 인간으로서 존중해 주기를 바라며, 자신이 조직에서 가치 있는 사람이라는 느낌을 받기를 원한다. 또한 자신의 의견이 가치있게 평가되며, 경청되고, 또한 자신의 아이디어나 생각을 충분히 표출함으로써 업무에 효과적으로 기여하기를 원한다. 동시에 토의를 통하여 현안에 대한 정확한 해결방안을 찾거나 방향을 결정하고 수행방법에 대한 명료한 합의를 이루기를 바란다. 리더는 이러한 팀원의 욕구를 이해하여 현안과 관련하여 팀원의 자발적 수행 의지와 심리적 동의(Commitment)를 이끌어 낼 수 있도록 대화를 이끌어가야 한다.

3) 동기부여 과정과 동기부여 강화

〈표 4-2〉 동기부여 강화의 유형

구 분	성숙의 장려	미성숙의 조장
행동 증대	긍정적 강화 (칭찬, 급여인상, 휴가)	부정적 강화 (불쾌하거나 해가되는 자극 부여)
행동 감소	소거 (긍정적 강화 철회)	벌 (임금 미지급, 정직, 교육기회 박탈, 장비사용 금지)

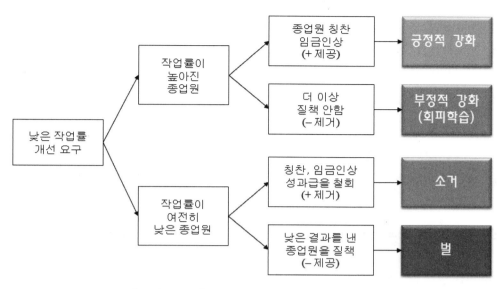

[그림 4-12] 행위 수정을 위한 강화 사례

[분임토의]

1. 선내에서 초임사관의 동기부여 요소를 이야기해 보자.
2. 초임사관의 리더십 자질은 무엇인가?
3. 팀원의 업무동기를 부여하기 위한 방법을 이야기해 보자.
4. 독재적 리더십의 사례를 공유해 보자.
5. 독재적 리더십이 필요할 때도 있는지 토론해 보자.

1.11 리더의 자기평가

Model Course 요건 : 리더의 정직한 자기평가 필요성 및 방법을 이해한다.

1) 리더의 자기 평가

리더십의 기본은 충분한 자기인식으로부터 출발하는 것으로 일정한 주기를 가지고 아래 문항(각 10점)에 대한 자기평가를 한다.

① 분명한 비전과 목표를 갖고 있는가?
② 리더십은 갖고 있는가?
③ 전문지식은 갖고 있는가?

④ 강한 추진력과 결단력을 겸비하고 있는가?

⑤ 유머와 인간 관계력은 있는가?

⑥ 신뢰성은 갖고 있는가?

⑦ 뛰어난 커뮤니케이션 능력은 갖고 있는가?

⑧ 국제화에 걸맞는 외국어 실력은 갖고 있는가?

⑨ 인터넷시대에 컴퓨터는 마음대로 다루는 능력은 있는가?

⑩ 건강에 대한 지식과 함께 건강유지를 위한 실천은 하고 있는가?

2) 리더십 유형의 자가진단

R.R. Blake와 J.S. Mouton의 관리격자(Managerial grid) 이론에 의한 리더십 유형의 자가진단지는 다음과 같다.

A. 리더로서 나의 주요 책임은

① 제반 업무가 달성되는가를 확인하는데 있다.

② 부서 상호간에 조화되고 적극적인 관계가 수립되고 있는가를 확인하는 데 있다.

③ 중립을 유지하고 과거에 수립된 절차에 따라 수행되고 있는가를 확인하는 데 있다.

④ 구성원들의 사기에 영향을 미치지 아니하고 합리적인 생산량을 달성하도록 중간위치를 발견하는 데 있다.

⑤ 구성원들과 의사교환을 하고 구성원들의 참여를 통해 효율적인 생산을 달성하는 데 있다.

B. 업무에 관한 의사결정에 있어서 나는 일반적으로

① 문제에서 회피하거나 결정을 다른 사람에게 맡겨 버린다.

② 문제해결에 대한 지식을 가진 사람들로 하여금 토론 및 심의케 하여 이해와 합의를 통해 결정하도록 한다.

③ 내 자신의 지식과 기술 그리고 경험에 따라 결정한다.

④ 구성원의 의견을 크게 반영하여 결정한다.

⑤ 구성원들이 문제에 관해 어떻게 생각하고 있는가를 참고한 다음 나 자신이 최종적인 결정을 내린다.

C. 나는 동료들과 서로 의견이 맞지 않는 점이 있을 때, 일반적으로

① 내 의견을 주장하고, 내 의견이 반영되도록 노력한다.
② 침묵을 지킨다.
③ 내 의견을 말하기 전에 그들이 생각하고 있는 점이 무엇인가를 발견하도록 한다.
④ 합리적인 타협안을 발견하도록 노력한다.
⑤ 내가 알고 있는 지식과 생각을 이야기하여 상호 이해하도록 한다.

D. 나는 구성원들과 의견이 심히 맞지 않았을 때, 일반적으로

① 노골화된 감정과 긴장이 풀리고 융합이 이루어 질 때까지 냉각기를 둔다.
② 서로 화해하도록 하며, 나아가서는 긴장과 감정을 풀 수 있도록 조치를 취한다.
③ 문제를 계속 토론하지 않게 하여 더 이상 악화되지 않도록 한다.
④ 내 권한을 이용하여 의견이 합치되도록 한다.
⑤ 의견의 차이점을 발견하기 위하여 이에 관련된 구성원들을 모두 집합시킨다.

E. 나는 창의적인 혁신이란 다음과 같은 때에 이루어진다고 생각한다.

① 구성원들이 제시하는 어떤 생각이라도 무비판적으로 받아들이는 리더에 의해서 가장
잘 촉진된다고 생각한다.
② 리더가 갖고 있는 권한 내에서 보상이나 승진 등의 방법을 이용하여 구성원들의 경쟁
의식을 일으키게 할 때 잘 이루어 질 수 있다고 생각한다.
③ 집단의 창의나 다른 어떤 방법을 이용하여 여러 가지 조건을 개발해 나가는 리더에 의
해서 잘 이루어진다고 생각한다.
④ 당면 문제를 잘 인식하여 이를 구성원에게 잘 전달하고, 그 결과를 분석, 평가하는 리
더에게서 잘 이루어진다고 생각한다.
⑤ 리더가 나서거나 조정해서 되는 일이 아니며, 그 밖의 어떠한 특수한 환경을 만들었다
하여도 이루어지는 것은 아니라고 생각한다.

〈표 4-3〉 리더십 유형의 측정표(p.89 관리격자 참조)

질문 항목		A	B	C	D	E	평균치
보기		①②③④⑤	①②③④⑤	①②③④⑤	①②③④⑤	①②③④⑤	
값	X	9 1 1 5 9	1 9 9 1 5	9 1 1 5 9	5 1 1 9 9	1 9 5 9 1	
	Y	1 9 1 5 9	1 9 1 9 5	1 1 9 5 9	5 9 1 1 9	9 1 5 9 1	

[분임토의]

1. 선박에서 가장 흔한 리더십 유형은 어떤 유형인가? 선박에서 경험한 리더십의 유형에 대해 토의해 보자.
2. 독재적 과업위주형의 선장(기관장)이 본선의 안전에 미치는 긍정적인 영향과 부정적인 영향에 대해 토의해 보자.
3. 부하들로부터 비판을 받았을 때 독재적 과업위주형 리더와 이상형 리더의 대응 방법을 비교 토의해 보자.
4. 선박 관리자의 리더십이 선박 전체의 능력에 어떠한 영향을 미치는지에 대해 토의해 보자.
5. 선박 관리자로서의 이상적인 리더십의 유형에 대해 토의해 보자.

2. 팀워킹

2.1 팀과 그룹 행동

Model Course 요건 : 팀과 그룹 행동의 차이점을 이해한다.

팀(Team)과 그룹(Group)은 용어의 사용측면에서 심리학에서는 '집단'을 의미하고, 산업 및 조직심리학에서는 '팀' 또는 '작업팀'이라는 의미로 사용하고 있다.

팀과 그룹은 성과에 대한 결과에서 차이가 있다. 그룹의 성과는 구성원 개인의 성과에 의한 것이고, 팀의 성과는 개인의 성과와 '공동 작업 결과'를 포함한다. 공동 작업 결과는 둘 이상의 구성원이 함께 수행한 것이다.

하지만 팀과 그룹의 구분은 명확하지 않다. 팀과 그룹은 둘 이상의 개인들로 구성되고 연관된 작업을 수행하기 위하여 존재하며 하나 이상의 공동의 목표를 공유하며 사회적인 상호작용과 작업의 상호의존성을 갖는다. 다만, '팀'이라는 용어는 보다 좁은 관심사나 목적을 가지고 있는 집단을 나타낼 때 사용하는 경향이 있다. 최근에는 '그룹'보다는 '팀'이라는 용어를 더 많이 사용하고 있다.

팀과 그룹의 차이는 아래의 〈표 4-4〉와 같이 간단히 기술할 수 있다.

〈표 4-4〉 팀과 그룹 특성 비교

구분	팀(Team)	그룹(Group)
리더십	리더 역할의 공동 수행	강력하게 리더에게 집중
책임범위	개인 책임과 공동 책임	개별 책임
목표	팀 자체가 설정한 특정 목표	집단 목표는 광범위한 조직 임무의 일부
성과	공동 작업 결과	개별 작업 결과
회의성격	제약없는 토론과 문제 해결을 위한 적극적인 회의 장려	효율적인 회의 운영
성과측정	공동 작업 결과를 평가하여 직접 성과 측정	다른 사람의 영향에 의한 간접 효과 측정
과업수행	토론하고 결정하여 함께 작업 수행	토론하고 결정하여 위임함

선박에서는 운항이나 정박 중에 선상 작업을 팀으로 구성하여 수행할 경우 구성원 개인이 범할 수 있는 실수를 줄일 수 있으며, 협업에 의한 생산성을 높일 수 있다. 팀으로 구성되어 작업과정에 참여하게 되고 여기서 보여질 수 있는 개인 역량은 위임이나 코칭으로 역량을 더욱 더 높일 수 있다. 또한 개인이 아닌 둘 이상의 구성원과 함께 작업에 참여하게 됨으로써 의사 소통을 통한 정보의 양과 질이 높아져 좋은 의사 결정을 내릴 수 있다.

2.2 스탠딩팀과 미션팀

Model Course 요건 : 스탠딩팀과 미션팀의 연관성과 차이점을 이해한다.

스탠딩팀(Standing team)이란 전체 조직에서 지정된 기능을 수행하는 팀을 말한다. 장기적 으로 구성원 각자는 할당된 임무를 수행한다.

미션팀(Mission team)이란 상황과 필요에 따라 단기간 수행해야 할 업무가 생겼을 때 이를 수행할 역량이 되는 구성원들로 이루어진 한시적인 팀을 말한다. 선박의 일상적인 업무를 예로 든다면, 갑판상의 도장 작업시 도장작업 전 부식을 제거하고 전처리를 하는 팀과 도색을 하는 팀으로 그 역할을 나누어 작업을 하면 수일에 걸친 작업이 전문화된 작은 팀으로 효율적인 작 업이 수행될 수 있다.

리더는 정형적인 스탠딩팀 외에도 선박의 작업환경에 따라 작업의 목적에 맞게 적합한 구 성원들로 미션팀을 구성하여 선박을 운항할 필요가 있다.

2.3 선상에서의 팀의 의사소통

Model Course 요건 : 선상에서 팀(team) 의사소통이 가지는 중요성을 설명할 수 있다.

의사소통이란 행동, 말, 글, 신호, 심볼 등 전자적, 기계적 방법 또는 직접적으로 정보를 전 달하는 것을 말한다.

나와 다른 배경을 가진 구성원 혹은 다국적 선원들로 구성된 현재의 선박 인적조직에서 성 공적으로 작업을 마치기 위해서는 효과적인 팀 의사소통은 매우 중요하다. 팀의 의사소통은 문 화적 이해를 바탕으로 우호적이며 서로 교감하는 분위기에서 이루어져야 한다.

여기에 팀 리더는 반드시 팀원이 개방적이고 진술하고 적절한 시기에 정확하고 성실하게 의사소통을 하도록 분위기를 조성해야 한다. 효과적인 팀의 의사소통을 위해서는 서로 경청하고 관점이 다르다면 이에 대한 설명을 하여야 하며, 관점의 차이를 이해하여야 한다. 또한 개인적인 감정이나 선입견 및 특정 은어를 사용하는 것은 팀의 원활한 의사소통에 방해 요인이 된다.

간단한 예로, 선박에서 실시하고 있는 작업현장회의(TBM, Tool box meeting)는 매일 과업시작 전 시행하거나 긴급상황 발생시 및 TBM에서 협의한 작업과 상이한 작업을 시행하여야 하는 경우 실시한다. TBM의 주관자는 현장 작업 책임자이며 팀의 리더 역할을 수행한다. TBM에서 중요한 것은 작업전 팀 구성원간에 작업에 대한 사전 협의를 하고 위험 예지활동 및 의견 제시로 위험요인을 발견해서 제거하는 일이다.

그러하기 때문에 TBM에서는 미팅 중 팀 구성원간에 작업 관리자의 명령, 지시, 시행 방법에 대한 논의가 충분히 이루어져야 하며, 지시된 작업에 대해 어떠한 위험이 있는가를 확실하게 인지하여야 한다. 또한, 위험에 대한 안전한 작업 대책과 미션팀의 목표를 반드시 확인하여야 한다.

여기에서 팀 구성원간 개개인이 생각하고 있는 의견이나 방법의 제시가 충분히 이루어지지 않고 작업 위험에 대해 인지여부를 확인하지 못한다면 안전한 작업을 보장할 수 없기 때문에 팀의 의사소통을 활발히 하고 보장하는 것은 매우 중요하다.

〈그림 4-13〉 선상의 작업 전 TBM 활동

2.4 팀에서 최상을 이끌어 내는 방법

> Model Course 요건 : 팀에서 어떻게 최상을 이끌어 낼 수 있는지를 설명할 수 있다.

1) 팀의 개념

그룹이 공통의 위치(예, 방관자 집단) 또는 공통의 이해로 결합될 수 있는 반면, 팀은 공통의 목적으로 결합되며 각 구성원들은 목적 성취에 지정된 역할을 한다.

팀 구성원들은 그들의 역할을 수행하는 것에 전문 기술뿐만이 아니라 다른 구성원들과 협력하여 역할을 수행할 필수적인 팀 기술을 가져야 한다.

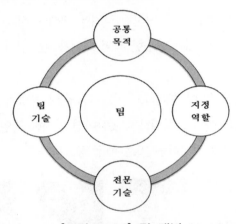

[그림 4-14] 팀 개념

2) 팀 기술의 개념

팀 효율성에 필수적인 팀 기술의 개념은 다음과 같다.

〈표 4-5〉 팀 기술의 개념

(1) 팀 지도력(Team leadership) (2) 상호 감시(Mutual monitoring) (3) 지원 활동(Back-up behavior) (4) 적응력(Adaptability) (5) 팀 지향력(Team orientation)

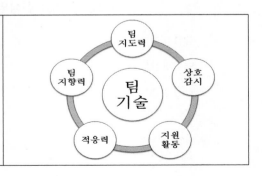

3) 팀 응집력

효과적인 팀을 만들려고 한다면, 이들 5가지 팀 기술 모두를 사용할 필요가 있다. 따라서 성공 확신을 위해 사람들은 3가지 유형의 팀 접착제를 사용해야 한다. 이 접착제는 팀 구성원들이 그들의 역할을 수행함에 따라 그들의 진전과 성과의 최신화를 통하여 이들을 통합시키는 역할을 한다.

〈표 4-6〉 팀 접착제

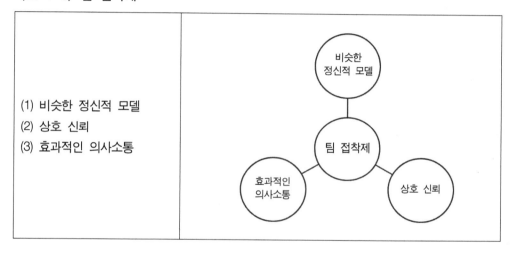

(1) 비슷한 정신적 모델
(2) 상호 신뢰
(3) 효과적인 의사소통

4) 디브리핑(Debriefing)

경험으로부터 배우고 개선하고자 할 때 디브리핑은 가장 중요한 도구이다. 디브리핑을 할 때 고려하여야 할 요소는 다음과 같다.

① 작업 후 가능한 한 빨리(As soon as possible)

② 자신부터 먼저(Yourself first)

③ 긍정적 & 부정적 학습 경험(Positive & negative-learning experience)

④ 전 팀을 대상으로(Whole team)

⑤ 흥미로워야(Interesting)

⑥ 결과를 다음 계획에 반영(Make plans based on the debriefing)

5) 팀 토의를 개선하기 위한 지침

팀 토의(Team discussion) 동안 가장 정확한 해결책을 도출하기 위해서는 참여자들은 모두가 가장 중요한 역할을 수행한다는 자신감을 가져야 한다. 역할이란 팀이 과제를 완수하도록 돕는 효과적이고 문제 해결적이며 의사결정 존재로서 발전하는 것을 지속하는 행위이다.

팀 토의에서 역할별 내용은 다음과 같다.

① 개인 지향 역할(Self-oriented roles): 개별 팀원의 필요성을 만족시키는 것

② 팀 구축과 유지 역할(Team building and maintenance roles): 팀을 유지하거나 강화하는 것에 관련된 것. 조정자 또는 사회자의 역할을 의미한다.

③ 팀 업무 역할(Team task roles): 팀이 겪고 있거나 이미 겪고 있는 업무를 완수하는 것과 관련된 행위들

[사례 - 히딩크식 리더십]

(1) 팀워크를 이루는 가치 중 가장 중요한 것이 팀원들 간의 신뢰이다.

(2) 스타는 부상을 입을 수 있지만 팀워크는 상처를 입지 않는다.

(3) 흥이 날 때 팀워크는 막강한 힘을 발휘한다.

(4) 특히, 팀워크에 문제가 있다고 판단되면 미련없이 탈락시킨다.

(5) 멀티플에이어가 되라 : 실점은 수비 잘못, 득점은 공격수가 잘해서라는 생각을 버려라.

(6) 공정한 기회 제공으로 시장경제의 원리를 적용한다.

(7) 상호의존(Interdependence)의 가치를 깨우친다.

(8) 승리(목표달성)의 힘 25%는 실력이고 75%는 팀워크와 리더십이다.

[분임토의]

1. 히딩크식 리더십을 읽고 선내 팀워크의 필요성을 토론해 보자.
2. 팀워크가 양호했을 때와 그렇지 않았을 때의 경험을 발표해 보자.

2.5 적합성에 기반한 업무의 배분

Model Course 요건 : 적합성에 기반한 업무의 배분을 이해할 수 있다.

인간 행위에서 잦은 실패는 전체적으로 개인의 측면보다는 오히려 적합성 관점에서 판단되어야 한다. 적합성은 업무성과(Performance) 관점에서 이해될 수 있다. 업무성과는 경각심 (Alertness, Arousal), 집중력(Attentiveness)과 적합성(Competence)으로 구성된다. 이들 요소들은 그 당시에 존재하는 인적 조건에 영향을 받는다.

사고는 요소들의 복잡한 상호작용에서 기인되기 때문에 단일 요소가 불안전한 행위(Unsafe acts)를 촉발하지는 않는다. 이들은 복잡한 바이러스처럼 다른 사고를 위해 다른 형태로 결합한다. 따라서, 제한된 자원 조건에서 최상의 업무성과를 거두려고 하면 팀원들의 생리적 요소, 집중력 상태, 적합성을 통합적으로 판단하여 업무를 배정하여야 한다.

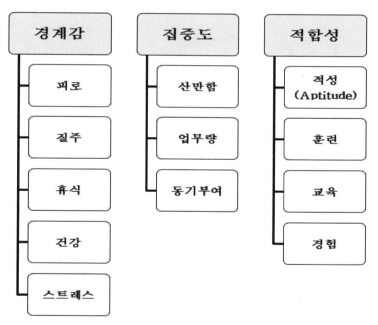

[그림 4-15] 업무성과를 결정하는 요소

2.6 양호한 팀워크와 리더십의 불가분성

팀워크는 팀원들이 각자의 역할을 하지만 전체 팀 효율을 위해 협력하여 일하는 것을 말하며, 리더십은 타인에게 목표 달성을 위해 노력하도록 영향력을 행사하는 것을 말한다. 개별 단위의 노력에는 팀워크가 필요하고 조직 전체의 리더는 리더십이 필요하다. 계층이 높을수록 관리(Management)의 비율보다는 리더십(Leadership)의 비율이 많아지며 더욱 더 전략적인 접근이 필요해진다.

[그림 4-16] 팀워크와 리더십 관계

2.7 팀 동력 촉진을 위한 동기부여

[그림 4-17] 동기부여 기법

1) 목표 설정(Setting goals)

① 팀원들이 당신이 그들로부터 기대하는 것을 알고 있는지 확인하라.

② 결과물의 80%는 당신 업무의 20%에서 온다. (파레토 법칙)

③ 책임의 핵심 영역을 식별하라.

④ 짧은 문장으로 이것들을 표현하라.

⑤ 필요한 목표와 업무수행의 결과물을 포함한다.

2) 칭찬 또는 격려(Praising)

① 그들이 어떻게 하고 있다는 것을 당신이 알고 있다는 점을 말하라.

② 즉시 칭찬하라.

③ 제대로 한 것을 특정하여 구체적으로 말하라.

④ 제대로 한 것에 대하여 당신이 얼마나 고맙게 느끼는지를 말하라.

⑤ 당신이 얼마나 좋게 여기는지 그들이 알게끔 알리는 순간을 가져라.

3) 질책(Reprimanding)

① 사람들이 달성할 수 있는 목표를 충족하지 못하면, 훌륭한 피드백 과정으로 활용해야 한다.

② 질책의 전반부

- 즉시 질책하라. 그렇지만 사람들 앞에서 하지 마라.
- 구체적으로 하라.
- 그들이 잘못한 것에 관하여 당신이 어떻게 느끼는지 말하라.
- 당신이 어떻게 느끼는가를 그들이 느끼게끔 침묵하라.
- 질책하는 것에 대하여 당신이 당황하고 있는 것처럼 급하게 몰아치지 마라.

③ 질책의 후반부

- 악수하거나 기운을 북돋우게 접촉하라.
- 당신이 그들을 얼마나 소중하게 여기는지 그들에게 상기시켜라.
- 그 상황에서 그들의 업무가 아닌 그들에 대하여 당신이 얼마나 생각하는지 재확인하라.
- 그들에 대하여 질책을 종결하고 지속하지 마라.
- 당신이 칭찬으로 질책을 마무리할 때 그들은 그 질책이 당신 것이 아님을 기억한다.

[사례 – 69일만의 탈출(칠레 산호세 광산 마을)]

1) 사고의 개요

① 2010.8.5 칠레 북부 산호세 광산 붕괴로 33인의 광부가 지하 700m 갱도에 갇혔다가 69 일만에 극적으로 구출

② 구출에 대한 기약이 없었던 사고 69일 동안의 끈끈한 동료애 발휘

③ 작업반장 루이스 우르수아(54세)의 리더십에 의하여 비극을 희극으로 전환

2) 구출

① 2010.10.13. 09:50경 마지막 구조자 우르수아의 지상 출현으로 종료

② 구조순서

- 광부들의 신체적, 정신적 상태를 고려하여 결정
- 가장 먼저 구조 캡슐 탑승자는 만약의 사태에 대처할 수 있는 담력을 갖추고, 뒤에 구 조되는 동료에게 과정을 설명할 수 있는 능력 소지자
- 마지막 탑승자는 동료가 차례로 떠나가는 상황에서도 의연하게 버틸 수 있는 정신력이 강한 사람
- 죽음의 공포와 이기심을 버리고 리더 중심의 질서와 협력 그리고 상호간의 신뢰가 원동력

[분임토의]

1. 팀으로 구성되어 처리되는 선박의 업무들을 나열해 보자.
2. 팀이 제대로 작동하지 않았던 선박의 사례들을 공유해 보자.
3. 상기의 사례들에서 가장 큰 장애요소로 작용하는 것들은 어떤 것들이 있는가?
4. 가장 현실적인 대안들은 무엇인지 논의해 보자.

평가 및 태도 변화

평가

- 평가자는 평가 내용에 제시되어 있는 내용을 성공적으로 수행할 수 있는지를 평가해야 한다.
- 평가자는 다음 사항을 평가해야 한다.

학습 내용	평가 항목	성취수준		
		상	중	하
선상조직의 이해	- 선상조직도를 역할에 따라 구분하여 작성할 수 있다.			
선상조직의 문화적 특성 이해	- 선상조직에서 식별되는 문화적 성향의 종류를 나열할 수 있다.			
	- 선상생활 중 문화간 소통의 유의점에 대해서 설명할 수 있다.			
비공식 조직의 식별	- 선박에서 구성되는 비공식 조직을 나열할 수 있다.			
	- 선박에서의 비공식 조직의 장단점을 공식조직과 비교하여 설명할 수 있다.			
인간의 실수 식별	- 인간실수의 유형에 대해서 나열할 수 있다.			
	- 인간의 실수를 줄이기 위한 요령을 설명할 수 있다.			
선상 훈련 프로그램의 이해	- 선상 교육의 중요성을 설명할 수 있다.			
	- 멘토링과 코칭의 의미를 비교 설명할 수 있다.			

태도 변화

- 지금까지의 학습내용을 정리하면서 나의 변화를 위한 내용들을 정리해 봅시다.

새로 할 것 / 개선해야 할 것	버려야 할 것 / 줄여야 할 것

Imagine you are in Africa.
You have been tied hanging on a tree with a rope anchored on the ground,
a candle is slowly burning the rope,
and the lion is waiting for you to drop and be his lunch.
Your survival hinges on the rope staying intact, there is no one around to help you.
The only possible way is to somehow convince the lion to BLOW the candle out. How do you do that?

???

Answer: You will sing "Happy Birthday To You"
and lion will blow the candle out!

"창의적인 인재들이 문화적 관용과 개방성을 갖춘
특정 지역(국가)에서 점점 더 배출되고 있고,
그런 곳에서 경제 발전의 원동력이 나온다"

제5장 과업 및 업무량 관리

학습 목표	<ul><li>작업계획 수립 방법, 계획 조정 및 작업성과를 측정하는 방법에 대하여 이해할 수 있다.</li><li>작업에 필요한 자원의 활용방법과 적절한 인원배정 방법에 대하여 이해할 수 있다.</li><li>인간의 한계에 대한 개념과 한계 측정 방법 및 이를 초과하지 않기 위한 필요한 관리 방법에 대하여 이해할 수 있다.</li><li>작업의 제한 시간 및 자원의 요소와 이를 효과적으로 관리할 수 있는 방법에 대하여 이해할 수 있다.</li><li>작업에 부정적인 영향을 미치는 피로에 대한 관리 방법을 이해할 수 있다.</li><li>이의제기 및 수용의 의미에 이를 위한 분위기 조성 방법에 대하여 이해할 수 있다.</li></ul>

재료·자료	<ul><li>IMO 모델코스</li><li>STCW 협약(당직임무)</li></ul>

1. 계획과 조정

1.1 개인과 조직에 대한 계획 활동의 의미

Model Course 요건 : 계획 수립의 의미를 이해한다.

1) 계획 활동의 의미

(1) 계획 활동(계획수립, Planning)이란 무엇을, 누가, 어떻게, 언제 할 것인가를 결정하는 것

(2) 과업(조직 또는 개인)의 목적과 목표를 규명하고, 목표 달성을 위한 전략을 수립하고 활

동들을 통합하고 조정하여 포괄적인 계획을 수립하는 관리 활동의 기초 활동

(3) 계획 활동은 목표와 계획을 개발하여 관리자들의 의사결정을 이끌고 업무성과를 측정하는 기준을 제시하는 것

(4) 계획은 자원할당, 일정, 예산 및 기타 목표 달성을 위한 필요한 행동을 포함하여, 목표를 어떻게 충족시킬 것인지에 대한 윤곽 제시

[그림 5-1] 계획 활동

2) 계획 수립

[그림 5-2] 계획 수립

3) 계획의 목표 설정 효과

(1) 중요한 일에 집중

(2) 통일된 방향성 제시

(3) 시간 낭비 방지

(4) 동기부여 및 협력 유도

(5) 통제 기준을 설정

1.2 계획의 성과측정 및 피드백의 역할

1) 계획의 성과측정

항 목	내 용
완결성 (Completeness)	■ 조직이 의도하는 모든 변화와 노력들이 포함되어 있는가? ■ 다양한 전략들이 활용되었는가?
선명성 (Clarity)	■ 어떤 일이 이루어지고, 누가, 무엇을, 언제까지 할 것인지 분명하게 나타나 있는가?
충분성 (Sufficiency)	■ 제안된 모든 것들이 달성되면, 조직의 미션과 전략목표를 달성하는가? ■ 그렇지 않다면, 어떤 추가적인 변화가 기획되고 집행되어야 하는가?
현시성 (Currency)	■ 활동 계획이 현재의 업무들을 반영하는가? ■ 활동 계획이 미래의 기회와 장애 요인들을 예견하는가?
유연성 (Flexibility)	■ 활동 계획이 유연하여 예견되지 않았던 변화들에 반응하기에 충분한가? ■ 성과 목표가 달성되고 전략목표가 확대되는 경우 수정할 수 있는가?

2) 피드백의 역할

(1) 계획 활동의 성과에 대한 피드백은 조직(또는 개인)이 목표 달성을 위해 어떻게 일을 추진하고 의도한 결과를 가져 왔는지 등에 대한 정보를 알 수 있음

(2) 피드백은 성과결과가 과정 또는 원인에 미치는 영향을 분석하여 이를 개선하는 것으로써 성과결과의 장단점에 대한 데이터를 만들고 분석하여 개선점을 찾아 계획 활동의 성과를 개선하는 활동

1.3 조정

1) 조정의 의미

(1) 조정은 조직 구성원들이 공동의 목표를 추구하도록 행동의 통일성을 제공하여 구성원들의 노력을 일치시키는 것이다.
(2) 관리자는 계획, 조직, 직원, 감독 및 통제의 기본적인 기능들을 통해 조정을 달성하도록 노력하여야 한다.

2) 조정 방법

(1) 계획을 통한 조정
- 계획은 상호 토론, 의견 교환을 통해 다양한 계획을 통합하여 조정을 가능하게 함

(2) 조직을 통한 조정
- 조정을 조직의 가장 본질적인 것으로 생각하고 관리자 그룹과 부하에 대한 다양한 활동을 할당할 때, 부서의 조정을 최상위로 고려함

(3) 인력을 통한 조정
- 관리자는 적당한 일과 다양한 위치에 적당한 인원을 확보하는 것을 명심해야 함

(4) 감독을 통한 조정
- 부하에게 명령, 지시 및 지침을 주는 목적은 상사와 부하간의 조화가 있는 경우에 제공함

(5) 통제를 통한 조정
- 관리자는 조직의 목표를 달성하기 위해 실질적인 성과와 기준 성과 사이를 조정해야 함

2. 개인 업무 배정

2.1 업무배정 및 인원배치의 의미

> Model Course 요건 : 개인의 업무배정 의미를 이해한다.

1) 업무배정의 의미

(1) 업무배정이란 조직 구성원 개인에게 부서 또는 팀이 수행해야 할 여러 가지 업무 중 담당해야 할 업무를 분담 또는 지정하는 것을 말함
(2) 업무에 대한 인원의 적절한 배치에 의해 인적 자원을 효율적으로 관리함으로써 선박의 안전 및 효율적 운항을 도모할 수 있음

2) 업무 배정의 원칙

(1) 과업이 효과적으로 수행될 수 있도록 충분한 수의 유자격자를 배치해야 함
(2) 구성원들은 적절한 자격을 갖추어야 하며, 자신의 임무를 능률적이고 효과적으로 수행하기에 적합하거나 또는 과업 수행을 결정할 때 이용 가능한 사람의 자격 또는 적합성과 관련한 일체의 한계를 고려하여야 함
(3) 임무는 명백하고 모호함이 없이 특정 개인에게 할당되어야 하며, 그 개인이 자신의 책임을 이해한다는 것을 확인하여야 함
(4) 과업은 분명한 우선순위에 따라 행해져야 함
(5) 어떠한 구성원도 효과적으로 수행될 수 있는 업무보다 더 많은 업무나 더 어려운 과업이 할당되어서는 안 됨
(6) 각 개인은 항상 자신의 임무를 가장 능률적이고 가장 효과적으로 수행할 수 있는 장소에 배치되어야 하며, 또한 상황에 따라 다른 장소에 재배치되어야 함
(7) 임무 조정이 능률적이고 효과적으로 이루어 질 수 있다는 것을 확신할 때 까지는 다른 임무, 과업 또는 장소에 배치되어서는 안 됨
(8) 효과적인 업무 수행을 위해 필요한 장치는 구성원들이 용이하게 이용할 수 있어야 함
(9) 구성원들 간의 의사소통은 명백성, 신속성 및 신뢰성이 있어야 하며, 또한 수행 중인 업

무에 적합하여야 함

(10) 구성원들은 항상 상황변화에 능률적이고 효과적으로 대처할 준비가 되어 있어야 함

3) 당직배치의 원칙

(1) 당직 제도는 당직 근무자의 능률이 피로에 의해 저하되지 않도록 배치되어야 하며, 항해 개시 시의 최초 당직자와 다음 당직 교대자가 충분한 휴식을 취하고 기타의 면에서도 당직근무에 적합하도록 그 임무가 조직되어야 함

(2) 선박의 상황과 조건을 고려한 안전한 당직과 당직을 유지하기 위한 적절한 당직배치가 시행되어야 함

(3) 당직 조직은 선박의 자동 또는 수동 형태에 따라 선박의 운항에 영향을 미치는 모든 기계의 안전한 작동을 항상 확보하여야 하며, 당시의 상황과 조건에 적합하여야 함

(4) 적절한 자격을 갖춘 부원을 포함하는 당직 조직을 결정할 때에는 특히 다음 사항을 고려하여야 함

■ 선종
■ 선박의 안전 운항에 영향을 미치는 기계에 관한 적절한 상시 감독
■ 기상, 유빙, 오염된 수역, 천수역, 긴급 상태, 손상의 억제 또는 오염의 확산방지와 같은 조건에 의하여 지배되는 일체의 특수한 운항 형태
■ 당직자의 자격과 경험
■ 인명, 선박, 화물 및 항만의 안전과 환경의 보호
■ 국제협약, 국가 법규 및 지방법규의 준수
■ 정상적인 선박 운항의 유지

4) 업무배정의 고려요소

[표 5-1] 업무배정 고려요소

예상할 수 있는 요소	예상할 수 없는 요소
■ 항해 계획 수립 ■ 기관 관리 및 정비 작업 ■ 보급, 선원 교대 ■ 비상 훈련	■ 기상 악화 ■ 환자 발생 ■ 장비 고장
자원 요소	인적기술 요소
■ 시간(Time) ■ 재원(Resource)	■ 경험 ■ 전문적 지식 ■ 태도
직접통제 가능 요소	직접통제 불가능 요소
■ 항해계획 수립 ■ 브리핑 업무 ■ 점검표 ■ 훈련, 경험 ■ 절차 확정	■ 육상 관리자의 지원 ■ 회사의 표준규정 ■ 신기술 등

2.2 안전한 선교 당직팀 구성 예시

1) 업무배정 고려 요소(자원 요소)

(1) 인적자원 : 선장, 항해사, 당직부원, 도선사, 실습생

(2) 물적자원 : 항해장비, 항행시스템

(3) 소프트웨어 : 법규, 제도, 절차서, 규정 등

2) 당직수행능력 점검 및 평가

■ 항해사의 해기지식, 영어능력 및 정신력 등을 구체적으로 검증 및 평가

■ 당직부원은 조타능력 및 당직 태도(성실성)를 중점 평가

■ 항해사의 경우 다음의 Check List를 활용하여 평가하면 효율적임

구 분	C/O	2/O	3/O
COLREGs 이해			
선교장비 운용			
영어능력			
당직태도			
정신자세			
. . .			

3) 구성 및 배치 기법

- 초임 3항사 등 가장 취약한 항해사 당직에 가장 우수한 당직부원 배치
- 일등항해사 당직에 가장 취약한 당직부원을 배치하여 교육 및 훈련으로 경험 축적
- 과거의 항차별 당직부원 순환배치는 단거리 항해에서는 지양
- 신규 승선자의 경우 숙달될 때까지 가장 우수한 파트너 배치

[그림 5-3] 업무량 관리

3. 인간의 한계

3.1 일반적인 인간의 한계성

Model Course 요건 : 일반적인 인간의 한계성을 이해한다.

1) 선박에서의 인적 요소

(1) 피로, 오해, 자아도취 및 스트레스와 같은 인적 상황 및 조건들을 통틀어 인적요인 이라 함
(2) 세계적으로 해난사고의 80% 이상이 인적요인에 의한 것임
(3) 따라서 사고를 야기하는 인적요소의 상황 및 조건에 대하여 그 한계를 인식하고 탐지하는 것이 매우 중요함

2) 인간 한계성의 원인

(1) 피로
- 장시간에 걸친 정신적, 육체적인 노동의 결과, 근심과 걱정이 많고 힘든 근무환경에의 노출 등으로 기인하여 심신의 피곤함을 느끼는 지친상태 또는 졸음이 오는 상태
- 피로의 결과 직무수행 능력이 감소되고 경계심이 느슨해 질 수 있음

(2) 자기만족
- 선원의 선박 운용상 자기만족은 잠재적 위험을 과소평가 할 수 있음
- 자만심에 의해 현실에 안주하는 경향이 있음

(3) 오해
- 사람들 간의 오해, 장비작동에 대한 오해 등은 의사소통의 부족, 문화적 차이의 인식 부족 또는 지식이나 능력 부족 등에 의해 생겨날 수 있음

3.2 인간의 한계성을 점검하는 선내활동

Model Course 요건 : 인간의 한계성을 점검하는 선내 활동을 한다.

1) 선주, 운용자 및 선박 관리자는 인간의 한계성을 관리하기 위하여 다음의 관리 시스템을 유지하도록 고려하여야 함

(1) 선내 운용 절차를 명백하게 규정하는 ISM코드 요건

(2) 당직 전에 적절한 휴식을 취할 필요성

(3) 적절한 당직 교대를 위한 시간

(4) 항해 기간, 접안 시간, 하역 기간 및 출항 시간의 비율

(5) 다문화 문제, 언어 장벽, 사회적, 문화적 및 종교적 차이

(6) 인간관계, 스트레스, 외로움, 지루함, 사회적 박탈감 및 적은 선원으로 인한 작업량 증가

(7) 상륙, 선상 레크리에이션 및 가족 간의 커뮤니케이션을 위한 규정

(8) 당직 스케줄

(9) 직무 교대

(10) 쾌적한 침실과 거주구역

(11) 적절한 영양을 공급할 수 있는 양질의 음식

(12) 현 선박 설계 또는 장래 설계에 대한 지속적 개선

2) 인간 한계성의 효과적인 관리 시스템

(1) 효과적인 인간 한계성의 관리 시스템은 교육 및 훈련임

(2) 선원의 규칙적인 휴식의 필요성 및 인간 한계성에 대한 교육 프로그램 편성과 선박 및 선원에 대한 관리 감독을 평가 항목으로 포함

(3) 상기 교육과 평가 시스템은 각 선원에게 작업 시간과 관련한 피드백을 자료로 제공하여 관리자가 작업편성에 대한 상황 및 효율성을 평가하고 있고 규정을 준수하고 있음이 확인되어야 함

(4) 선원의 휴식 기록부가 비현실적이고 정확성이 떨어질 수 있지만 작업 및 수면에 대한 피드백은 관리자에게 리스크 완화 전략을 효율적으로 수립 및 점검하는 기반을 제공함

3) 인간의 한계성 초과

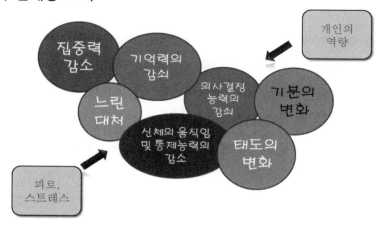

[그림 5-4] 인간의 한계성 발현 증상

3.3 선원의 인간 한계성에 대한 극복 방안

Model Course 요건 : 인간의 한계성을 극복하는 방안에 대하여 이해한다.

1) 수면

(1) 수면은 인간의 한계성을 극복하는 가장 효과적인 전략 중의 하나임

(2) 수면 부족 및 불면증은 정신적, 신체적 및 감정적인 인간의 능력을 감소시킬 수 있는 요인이 됨

(3) 양질의 수면 습관에 대한 지침은 다음과 같음

- 신속한 수면을 위하여 수면 전 일상적인 습관 개발할 것

- 수면을 잘 취할 수 있는 환경을 조성할 것

- 수면 동안 방해 받는 일이 없도록 할 것

- 수면을 취하기 전에 생리적 욕구를 충족시킬 것

- 수면 전에 알코올 및 카페인을 피할 것

- 명상 및 요가와 같은 이완요법을 고려할 것

2) 휴식

(1) 피로도와 인간 능력에 가장 영향을 끼칠 수 있는 또 다른 하나의 중요한 요인은 휴식임

(2) 수면과 달리 휴식은 신체적 활동 중단 또는 업무 변경 등을 통하여 획득 가능함

3.4 인간의 한계를 초래하는 요인

Model Course 요건 : 인간의 한계성을 초래하는 원인을 이해한다.

[표 5-2] 인간의 한계를 초래하는 요인

구분	요인
승무원 요소	① 수면과 휴식 - 수면의 양과 질, 수면 기간, 수면장애/방해, 휴식간격 ② 인간의 생체시계/24시간 주기리듬(시차에 의한 피로 등) ③ 심리학적 및 감정적 요소 - 공포, 단조로움과 지루함 ④ 건강 - 식이요법, 질병 ⑤ 스트레스 - 직무와 관련된 기술, 지식, 훈련, 개인적 문제, 대인관계 ⑥ 섭취한 화학물 - 알코올, 약물(처방, 비처방), 카페인 ⑦ 나이 ⑧ 업무변동과 업무계획 ⑨ 업무량(정신적/육체적)
육상/선박관리 요소	① 조직적인 요소 - 관리 정책들과 그 유지, 육상직원과 선박승무원의 역할, 서류업무의 요구, 경제성, 운항계획, 시간외 근무, 휴식, 회사문화, 관리형태, 규칙과 규범, 자원(공급원), 선박의 유지, 승무원의 훈련과 채용 등 ② 항차와 운항계획 요소 - 출입항 빈도, 항차별 운항기간, 항로, 항로상 기상상태 등
선박요소	선박설계, 선박자동화 수준, 과잉 또는 중복성 수준, 장비의 신뢰성, 검사와 유지관리, 선박의 선령, 업무공간에서 신체적 만족, 주거공간의 배치, 선체운동, 휴식공간에서의 신체적 만족 등
환경적 요소	① 내부적 요소 - 온도, 습도, 진동, 소음, 선박의 운동(롤링, 피칭 등) ② 외부적 요소 - 기상 및 해상 상태

3.5 인간의 한계를 초래하는 스트레스의 영향

1) 스트레스의 정의

개인의 능력을 초과하는 요구가 있거나 개인의 요구를 충족시켜주지 못하는 환경과의 불균형 상태에 대한 적응적 반응을 의미한다. 어떤 일에 대해 모든 사람이 똑같이 스트레스를 느끼는 것은 아니다. 그 사건을 어떻게 받아들이느냐에 따라 더 많은 스트레스를 느끼기도 하고, 오히려 즐거워하는 사람도 있을 수 있다. 즉 스트레스를 받아들이는 사람의 주관적 해석에 따라 많은 차이가 있을 수 있다.

2) 스트레스 발생과정

스트레스는 순기능과 역기능이 있으며, 그것을 받아들이는 개인차에 따라 동일한 스트레스가 순기능으로 또는 역기능으로 작용할 수 있다. 주어진 스트레스가 한 개인의 허용능력을 초과할 경우에는 역기능으로 작용하게 된다.

[그림 5-5] 스트레스 측정

(1) 외적 요인(External Stress)

- 물리적 환경 : 소음, 강력한 빛, 열, 한정된 공간
- 사회적 : 무례함, 명령, 다른 사람과 격돌
- 조직사회 : 규정, 규칙, 형식 절차, 마감시간

- 생활의 큰 사건 : 친족의 죽음, 직업 상실, 승진
- 일상의 복잡한 일 : 통근, 열쇠 잃어버림, 기계적 고장

(2) 내적 요인(Internal Stress)

- 생활 양식의 선택 : 카페인, 충분하지 못한 수면, 과중한 스케줄
- 부정적인 자신과의 대화 : 비관적인 생각, 자신 혹평, 과도한 분석
- 마음의 올가미(Mind Traps) : 비현실적인 기대, 독선적인 소유, 전부 아니면 아무 것도 아니라는 생각, 과장되고 경직된 사고
- 스트레스가 잘 생길 수 있는 개인 특성 : 완벽주의자, 일벌레

(3) 스트레스 발생 과정

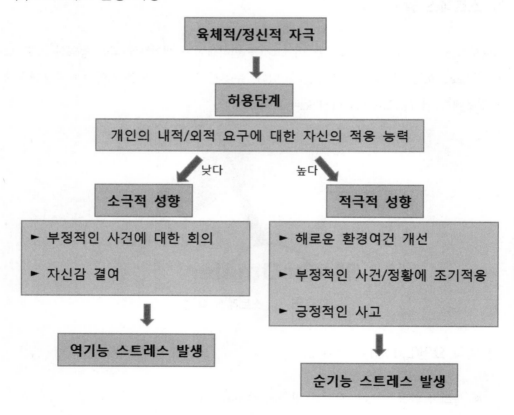

[그림 5-6] 스트레스 발생 과정

3) 스트레스의 특징

(1) 너무 적은 스트레스는 바람직하지 못함
(2) 과도한 스트레스와 스트레스 부적응은 건강에 해로움
(3) 스트레스에의 적응과 반응에는 개인차가 있음
(4) 스트레스는 스스로 유발되기도 하는데 유쾌할 경우에도 발생함
(5) 과도한 긴장은 심신의 장애를 초래함
(6) 피로와 과도한 신경근육의 긴장은 밀접한 관계가 있음
(7) 일상생활의 짜임새 있는 계획은 과로나 긴장을 완화함

4) 직무 스트레스

(1) 조직 구조에 의한 스트레스
(2) 물리적 환경 및 직무특성 요인에 의한 스트레스
(3) 직무의 과부화, 모호성 및 갈등에 의한 스트레스
(4) 대인관계에 의한 스트레스

5) 스트레스 해소 방법

(1) 긴장 해소를 위한 3R 기법

- 정신활동을 줄여라.(Reduce)
- 긴장을 인식하라.(Recognize)
- 호흡수를 줄여라.(Reduce)

(2) 직무 스트레스의 해소 방안

- 일의 우선순위를 정하라.
- 자신의 성격을 파악하라.
- 원만한 인간관계를 유지하기 위해 노력하라.
- 스트레스 대응 모임을 만들어라.

3.6 STCW '당직임무에 대한 적합성' 요건의 개요

Model Course 요건 : STCW 협약에서 요구하는 적절한 당직임무의 개요를 이해한다.

STCW의 부속서 Ⅷ의 1조 및 강제 사항인 A 코드의 Ⅷ-1조에 따른 당직 임무에 대한 적합한 근무요건을 규정하고, 권고 사항인 B 코드 Ⅷ-1에는 당직임무의 적합성에 관한 지침을 수록하고 있다.

1) STCW 제 Ⅷ장/1조(당직임무에 대한 적합성)

1. 각 주관청은 피로를 방지하기 위한 목적으로 다음을 하여야 한다.
  1) 당직근무자에 대한 휴식기간을 설정하고 시행할 것
  2) 당직제도는 모든 당직근무자의 능률이 피로에 의하여 저하되지 아니하도록 배치되어야 하며 또한 항해 개시시의 최초 당직자와 당직교대자가 충분한 휴식을 취하고 기타의 면에서도 당직근무에 적합하도록 그 임무가 조직되어야 한다.

2) STCW Code A-Ⅷ/1조(당직임무에 대한 적합성)

1. 당직을 담당하는 해기사 또는 당직의 일부를 구성하는 부원으로서 임무가 부여된 모든 자는 임의의 24시간의 기간 내에 최소한 10시간의 휴식시간이 부여되어야 한다.
2. 이 휴식시간은 2회 이내로 나눌 수 있으며, 그 기간 중에 하나는 적어도 6시간이어야 한다.
3. 비상시, 훈련시 또는 기타 중단하기 어려운 작업일 경우에는 제1항 및 제2항에 규정된 휴식시간에 대한 요건을 준수하지 아니할 수 있다.
4. 제1항 및 제2항의 규정에도 불구하고, 동 10시간의 최소기간은 적어도 6연속시간으로 줄일 수 있다. 단, 이러한 휴식시간의 축소는 2일을 초과하여 계속되어서는 안 되며, 매 7일의 기간마다 적어도 70시간의 휴식시간을 주어야 한다.
5. 주관청은 당직계획표를 선내의 잘 볼 수 있는 곳에 게시하게 하여야 한다.

3) STCW Code B-Ⅷ/1조(당직임무의 적합성에 관한 지침)

1. 휴식시간의 요건을 준수함에 있어서 "중단하기 어려운 운항조건"이라 함은 안전 또는 환경상의 이유로 지체될 수 없거나 항해의 개시 시에 통상적으로 기대될 수 없었던 필수적인 선상 업무만을 의미하는 것으로 해석되어야 한다.

2. 보편적으로 인정되는 피로에 관한 정의는 없다고 할지라도 선박운항과 관련된 모든 자는 피로를 유발시킬 수 있는, 최소한 기구가 확인한 요소에 주의를 하여야 하고, 선박운항에 관한 사항을 결정함에 있어서 이러한 요소들을 고려하여야 한다.

3. 제 Ⅷ/1조를 적용함에 있어서 다음 사항을 고려하여야 한다.

   1) 피로를 예방하기 위해 제정된 규정은 과도하거나 또는 불합리한 총 근로시간이 부과되지 않도록 할 것. 특히 A-Ⅷ/1조에 명시된 최소 휴식시간은 모든 나머지 시간이 당직근무나 다른 임무로 할당될 수 있다는 의미로 해석되어서는 안 된다는 것

   2) 휴가기간의 빈도와 길이 및 보상휴가의 부여는 일정기간에 걸쳐 피로가 쌓이는 것을 방지하는 데에 있어서 중요한 요소라는 것

   3) 이 규정은 특별 안전제도가 마련되어 있을 것을 조건으로 단거리 항해에 종사하는 선박에 대하여 변경될 수 있다는 것

4. 주관청은 선원의 근로시간 또는 휴식시간에 관한 기록이 유지되게 하는 것과, 그러한 기록이 근로시간 또는 휴식시간에 관한 규정과 합치하는 지를 확인하기 위하여 적당한 간격으로 점검하여야 한다는 요건의 도입을 고려하여야 한다.

5. 주관청은 해양사고를 조사한 결과 입수한 정보에 입각하여 피로방지에 관한 규정을 계속 검토하여야 한다.

4. 시간 및 자원의 제약

4.1 시간 제약의 요인

모든 사람에게 시간은 평등하게 주어진다. 자신이 맡은 업무에 대한 사항도 마찬가지이다. 그 시간을 어떻게 활용하느냐에 따라서 업무처리 능력을 갖춘 사람이 되고 그렇지 못한 사람이 된다. 또한 과거, 현재, 미래의 시간은 서로 깊은 연관관계가 있는 것처럼 우리의 일상은 시간과 연관되어 결과로 나타나게 된다. 업무면에서 보면 시간을 얼마나 효율적으로 활용했는가에 따라 과업 성과의 질이 판별된다.

시간관리의 시작은 우선 시간의 특성을 파악하는 것이다. 시간의 특성을 인식하고 나면 시간의 소중함과 시간에 대한 전략을 세울 수 있다. 시간은 사용하지 않아도 자동 소멸되고, 다른 물건처럼 살 수도 없고 저장할 수도 없다. 하지만 누구에게나 공평하게 주어진 시간을 어떻게 사용하느냐에 따라 달라질 수 있다. 시간의 특성 및 제약성은 다음과 같다.

- 시간은 무형의 자원이다.
- 시간은 공평하게 주어진다.
- 시간은 사용하지 않아도 자동 소멸한다.
- 시간은 저장할 수 없다.
- 시간은 양도하거나 매매할 수 없다.
- 물리적 시간은 불변이지만 심리적 시간은 가변이다.
- 지나간 시간은 돌아오지 않는다.

위와 같은 시간의 특성 및 제약성을 이해하고 어떻게 자신의 맡은 과업을 위한 시간 관리와 시간활용을 극대화 할지에 대한 계획을 세우고 실행하는 것이 필요하다. 시간 계획의 가장 큰 목표는 선박에서 맡은 직무의 우선순위를 정해서 시간의 낭비를 최대한 막고 자신에게 주어진 시간 내에서 반드시 성취해야 할 것을 이루는 것이다. 그리고 이를 위해 자투리 시간을 최대한 활용해야 한다.

4.2 시간 제약의 야기 요소

시간 제약의 제일 큰 원인은 부적절한 시간 관리이다. 개인별 시간 소비 패턴을 기록하고 분석해 보면 대부분이 시간 계획 없이 낭비되는 시간이 너무 많다는 것이다. 즉, 일은 매우 열심히 하는데 성과는 별로 없는 사람들은 자신의 업무에 대한 시간을 효율적으로 관리를 못해 성과가 안 나올 수밖에 없는 것이다. 부적절한 시간 관리로 시간의 제약이 발생하는 대표적인 요인의 특징은 다음과 같다.

(1) 업무에 소요될 시간을 실제보다 적게 잡음

대부분의 일들은 진행 중에 예상하지 못했던 일이 발생하며, 처음 계획대로 진행되는 경우는 거의 없다. 따라서 예상하는 시간보다 훨씬 더 많은 시간을 할당해야 한다.

(2) 업무수행을 서두름

유능한 관리자는 절대 서두르지 않으며, 편안하게 해 나갈 수 있을 정도의 속도를 설정한다.

(3) 동시에 많은 일을 하려고 함

동시에 많은 일을 하려고 시도함으로써 개별업무 당 최소한 요구되는 시간 소요량을 확보하는데 실패하고 결국 전체가 허물어진다.

(4) 업무에 대해 늑장부림

어떠한 일을 시작함에 있어서 이런저런 이유로 늑장을 부리는 경우가 많은데, 마음먹고 시작하면 단기간에 끝날 일을 계속해서 미루면서 결국은 그 일에 소요되는 시간을 몇 배, 몇 십배 늘려버리는 경우가 발생한다.

(5) 불필요한 일에 얽매임

다른 사람이 봤을 땐 정말 쓸데없는 일에 매달려 있는 경우가 있는데, 이는 중요하지 않은 일에 자신의 귀중한 시간을 허비하고 있는 경우이다. 일의 우선순위를 파악하지 못하는 행동 또는 그 일이 하기 싫어서 의도적으로 불필요한 일을 반복적으로 행하고 있는 경우도 있다. 예를 들면, 내일까지 제안서를 제출해야 되는데 이메일을 정리하는 일 또는 내일이 시험인데 책상을 정리하는 일 등이다.

4.3 효율적인 시간관리 방법

Model Course 요건 : 선내에서 효율적으로 시간관리하는 방법을 이해한다.

1) 해기사의 시간 관리

정해진 일정대로 운항하는 선박에 종사하는 해기사들에게 있어 시간 관리는 매우 중요하다. 시간 관리라 함은 넓은 의미로는 주어진 시간을 최선으로 활용하여 최대의 효과를 거두는 것이고, 좁은 의미에서는 효과적인 활동을 하기 위해 시간을 잘 조직화 하는 것이다. '시간을 관리한다'는 것은 시간 자체를 관리하는 것을 뜻하는 것이 아니라, 시간과 관련하여 자신을 관리하는 것이다. 얼마만큼의 시간을 가지고 있느냐가 중요한 것이 아니고 가지고 있는 시간 안에 무엇을 하느냐, 즉 어떻게 시간을 활용하는가가 중요한 것이다. 시간관리의 효율성에 따라서 각자 맡은 업무의 질이 달라질 수 있으므로 해기사는 주어진 시간의 제약성을 인식하여 시간관리에 각별히 주의를 기울여야 한다.

[그림 5-7] 효율적인 시간관리

(1) 시간 계획을 설정한다.

효율적 시간 관리를 위해서는 시간이 무엇을 위해 어떻게 사용되고 있는지를 자세히 알아야 한다. 이를 위해 시간일지를 기록하여 시간계획을 세우고 그 결과를 분석하여 문제점을 개선하다면 좀 더 효율적인 시간관리가 가능해진다. 시간일지를 일정 기간 작성하다 보면 일정한 업무처리의 유형을 발견하게 되어 다음 계획 수립에 도움이 된다. 또한 업무 분석을 통해 정기적으로 업무량이 많은 시기를 파악하여 미리 대비할 수 있다.

(2) 우선순위의 결정

우리에게 에너지는 한정되어 있다. 중요하지 않은 일에 소중한 시간을 허비하면 정말 중요한 일에 투자할 시간이 부족하게 된다. 긴급하지만 하찮은 일들을 줄이고, 일단 중요한 일부터 시작하고, 그 일에 싫증이나 틈이 날 때 사소한 일들을 처리하는 식으로 시간을 효율적으로 사용한다.

우선순위 결정에 대한 예를 들면, 매일 업무를 시작하기에 앞서 10분 정도 그날의 일과를 계획한다. 이 때 '일일 작업 계획표'를 작성하고 각 업무에 대해 우선순위를 매겨 우선순위대로 업무를 처리한다. 우선순위는 즉시 처리할 일, 오늘 중으로 끝내야 할 일, 시간 나는대로 하면 될 업무 등으로 순위를 정한다. 긴급사항이란 지금 당장 해결해야 될 사항이고, 중요한 사항이란 기업 목표 달성에 상당한 가치의 비중이 있는 사항이라 할 수 있겠다. 우선순위를 결정하는데는 시간제약, 내용의 중요도, 상사의 의향 등 여러 가지 판단 기준이 있으며, 상사의 가치관이나 업무의 처리 방식도 고려하여야 한다.

(3) 시간낭비 요소의 제거

불필요한 전화, 사내와 외부의 방문, 중복된 서류 보관, 불필요한 복사, 반복적이며 비생산적인 회의, 사내 잡담과 개인적인 문제 해결을 위한 업무시간의 유용, 동료 및 관리자와의 의사소통 부족, 비품 부족 등의 요소를 제거하도록 한다. 이런 낭비 요소를 제거하기 위해서는 문제의식을 갖고 업무의 진행상황을 검토해야 한다. 또한 책상정돈, 관련서류 일괄처리, 불필요한 문서 폐기, 소모품의 효율적 정리 등의 방법을 통해 생산성을 향상시킬 수 있다.

(4) 가능한 업무의 즉시 처리

메모, 편지, 보고서 등이 책상 위에 도착했을 때 나중에 처리하기 위해 서랍속이나 서류철 속에 두지 않는다. 처리하지 않고 미뤄둔 일은 자주 확인하는 것도 불필요한 시간 낭비를 초래한다. 메시지, 우편물, 메모 등 언젠가 할 일이라면 가능한 한 즉시 처리한다.

(5) 한 번에 하나씩 처리

일을 효율적으로 하지 못하는 사람은 맺고 끊는 것이 분명하지 못하다. 하나의 일을 끝내기도 전에 또 다른 일을 시작하고 이런 것이 반복되면 끝내는 일은 없고 해야 할 일만 늘어나게 되고 점점 비효율적인 상태가 지속된다. 선택과 집중으로 하나씩 일을 끝내고 완료된 일은 계획표에서 하나씩 지워 나간다.

(6) 자투리 시간의 효과적 활용

시간에는 빈틈이 있게 마련이다. 이 빈틈을 잘 활용하면 많은 시간을 절약할 수 있다. 하는 일 없이 빈둥대는 사람은 소중한 시간을 낭비하고 있는 것이다. 순서에 따라 할 일을 정한 다음 질서 정연하게 일을 처리해 나갈 수 있도록 진도표를 만들어 보자. 그동안 생각없이 흘려보낸 시간들을 알차게 활용할 수 있게 될 것이다.

(7) 결단력

신속하게 결정한 일은 빨리 실천한다. 사소한 것을 어떻게 할 것인지 망설여 결정하지 못한다면 시간낭비다. 전체적인 입장에서 판단력을 기른다.

(8) 지금까지의 시간 사용내역 확인

최근의 활동을 모두 적고, 각각의 활동에 투자한 시간을 기록한다. 생산적인 활동과 비생산적인 활동에 투자된 시간을 비교 분석해서 시간의 활용에 대한 진단을 한다.

(9) 창출한 시간의 활용

부수적인 불필요한 업무를 분리하여 시간관리를 함으로써 본연의 기능인 의사결정에 집중할 수 있게끔 주위 환경을 조성하도록 한다. 또한 예측하지 못한 상황에 대비하여 시간적 여유를 가지고 전략적인 의사결정에 우선적으로 시간을 사용할 수 있도록 해야 한다. 이와 같이 최고 경영자의 시간을 가장 중요한 자산의 하나로 인식하고, 이의 관리와 창출 그리고 창출된 시간의 효율적 활용을 비서의 역할로 정립하여야 한다.

2) 우선순위의 결정

(1) 우선순위의 의미

- 가장 먼저 해야 할 일
- 가장 중요한 일

(2) 우선순위를 결정하는 이유

- 여러 대안 중에 어떤 것을 먼저 선택할 것인가를 결정함
- 이유 : 자원의 제약(선택과 집중), 이해당사자간에 있을 수 있는 혼선을 방지하여 사업을 원활히 진행

(3) 피터 드러커의 우선순위 중요성

- 효과성과 높은 성취의 비결은 집중에 있음
- 일 잘하는 사람은 동시에 여러 가지 일로 복잡하거나 뒤죽박죽되게 하지 않고, 한 번에 하나씩 집중해서 일을 처리함
- 시간-노력-자원을 한 가지 일에 집중할수록 더욱 다양한 업무들을 해낼 수 있다고 함
- 집중하기 위해서는 우선순위를 결정하는 것이 중요하다고 주장함
- 우선순위는 무엇을 먼저 할 것인가를 결정하는 것이 아니라 무엇을 다음에 할 것인가를 결정하는 것. 즉 어떤 일은 지금 하지 않아도 되는가를 결정하는 것임
- 우선순위를 결정하기 위해서는 용기가 필요함

3) 우선순위 결정의 중요성 예시

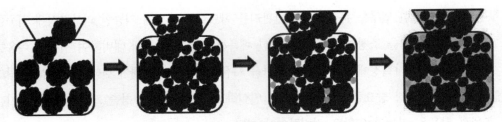

[그림 5-8] 우선순위 결정(항아리 채우기)

"자, 퀴즈를 하나 풀어 봅시다."

그는 테이블 밑에서 커다란 항아리를 하나 꺼내 가지고 테이블 위에 올려놓았습니다. 그리고 나서 주먹만한 돌을 꺼내 항아리 속에 하나씩 넣기 시작하였습니다. 항아리에 돌이 가득 차자 그가 물었습니다.

"이 항아리가 가득 찼습니까?"

학생들이 이구동성으로 대답했습니다.

"예"

그러자 그는 "정말?"하고 되묻더니, 다시 테이블 밑에서 조그만 자갈을 한 움큼 꺼내 들었습니다. 그리고는 항아리에 집어넣고 깊숙이 들어갈 수 있도록 항아리를 흔들었습니다. 주먹만한 돌 사이에 조그만 자갈이 가득 차자, 그는 다시 물었습니다.

"이 항아리가 가득 찼습니까?"

눈이 동그래진 학생들은 "글쎄요"라고 대답했고, 그는 "좋습니다" 하더니, 다시 테이블 밑에서 모래주머니를 꺼냈습니다. 모래를 항아리에 넣어, 주먹만한 돌과 자갈 사이의 빈틈을 가득 채운 후에 다시 물었습니다.

"이 항아리가 가득 찼습니까?" 학생들은 "아니오"라고 대답했고, 그는 "그렇습니다"라고 하고 물을 한 주전자 꺼내서 항아리에 부었습니다. 그리고 나서는 물었습니다.

"이 실험의 의미가 무엇이겠습니까?"

한 학생이 즉각 손을 들더니 대답했습니다.

"당신이 매우 바빠서 스케줄이 가득 찼더라도, 정말 노력하면, 새로운 일을 그 사이에 추가할 수 있다는 것입니다."

"아닙니다"

시간관리 전문가는 즉시 부인했습니다. 그리고는 말을 이어 갔습니다.

"그것이 요점이 아닙니다. 이 실험이 우리에게 주는 의미는 '만약 당신이 큰 돌을 먼저 넣지 않는다면, 영원히 큰 돌을 넣지 못할 것이다.'란 것입니다.

인생의 큰 돌은 무엇일까요? 여러분이 하고 있는 프로젝트입니까? 사랑하는 가족들과 시간을 같이 보내는 것입니까? 여러분의 신앙? 재물? 승진? 사업? 우정? 신의? 봉사?

오늘밤에 이 이야기를 회상하면서 한번 자신에게 물어보십시오. 내 인생에서, 내 직업에서, 큰 돌이 과연 무엇인가? 여러분의 큰 돌이 무엇이 되었든, 항아리에 가장 먼저 넣어야 함은 잊지 마십시오."

4) 우선순위 결정 방법

(1) 우선순위 결정을 위한 시간관리 매트릭스

세계적인 베스트셀러 〈성공하는 사람들의 7가지 습관〉의 저자 스티븐 코비 박사가 제시한 '시간관리 매트릭스'는 일의 중요성과 긴급성, 두 가지 요소를 바탕으로 4개의 영역으로 나누어 일의 우선순위를 결정하는 것으로 방법은 다음과 같다.

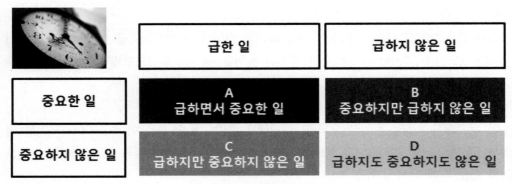

	급한 일	급하지 않은 일
중요한 일	A 급하면서 중요한 일	B 중요하지만 급하지 않은 일
중요하지 않은 일	C 급하지만 중요하지 않은 일	D 급하지도 중요하지도 않은 일

[그림 5-9] 시간관리 매트릭스

(2) 업무의 우선순위

- 시간관리 매트릭스를 이용하여 업무를 분석하고 A-B-C-D 순으로 일을 처리함
- 간혹 B와 C의 일들은 그 순서가 바뀌기도 하므로 결정한 순서를 반드시 지켜야 된다고 너무 강박관념을 가지지 말고 유연하게 처리
- A영역의 일은 리더가 직접 해결하거나 다른 직원에게 곧바로 위임해서 처리하며 시간적 여유가 없어도 제쳐두어서는 안됨
- C영역의 일은 리더가 꼭 챙겨야 하는 업무를 제외하고는 대부분 부하 직원에게 위임하는 것이 좋음
- 리더라면 긴급한 일도 처리해야 하지만 중요한 일(B 영역)에도 몰두해야 하는데 조직이 나아갈 큰 그림을 그리는 것은 긴급하지는 않지만 중요한 일로서 많은 시간을 할애해야 함
- 우선순위에 의해 차선의 일은 희생해야 함
- 중요하고 어려운 업무는 하루 중 컨디션이 가장 좋은 시간대에 수행

4.4 자원의 제약성에 관한 예시

Model Course 요건 : 자원의 제약성에 관한 예시를 들어볼 수 있다.

항해중인 선박에서의 업무는 제한된 인적 또는 물적인 환경 조건에서 수행된다. 육상 조직의 근무 환경과는 달리 한정된 자원을 최대한 이용하여야 하는 상황에서 운항 업무를 하게 되며, 긴급상황 발생 시 또한 제한된 환경 하에서 대응을 하게 된다. 예를 들면, 선박에서 화재가 발생하여 소화작업에 임하게 되었을 때, 선내 승조원이 최소한의 인원이 승선하여 있으므로 소화작업에 대응할 수 있는 인원은 적은 수에 불과하고 추가적으로 도움 요청을 할 수 없는 상황에 직면하게 되는 등 인적 제약이 다른 산업분야보다 큰 편이다. 선박에서 가용할 수 있는 자원은 고립된 환경으로 인해 한정될 수밖에 없고, 다음과 같은 성격을 가지고 있다.

- 선박에서의 자원은 한정되어 있다.
- 주어진 자원은 최상의 조건이 아닐 수도 있다.
- 개인 능력에 따른 인적 자원의 한계가 있다.
- 물적 자원의 변경이 불가능하다.
- 대체할 수 있는 추가적인 자원의 지원이 불가하다.

4.5 자원의 제약 요소

Model Course 요건 : 자원의 제약을 야기할 수 있는 여러 가지 요소들을 이해한다.

1) 주어진 자원의 한정성

선박에 탑재된 물적 자원 및 선박을 운항하는 인적 자원은 일반적으로 최소한의 요건으로 구성되므로, 평상시에는 이 자원들이 적정하게 운영되고 있지만 장비 결함 및 승무원 결원 발생과 같은 비상상황에서는 바로 교체 또는 충원이 불가하다.

2) 대체 불가한 자원

선박에 설비된 주요 핵심장비는 비상시를 고려하여 2개 이상 듀얼로 설치되지만, 다른 장비는 필요 수량으로만 탑재되어 있어 문제 발생 시 바로 장비를 대체 할 수 없다. 그리고 그 장비가 노후 장비로 단종된 물품이라면 부품 또한 수급하기가 불가한 경우가 있다.

3) 직무 지식의 정도에 따른 인적 자원의 한계성

인적 구성 면에서 선박에서는 각 분야별 수직적인 체계로 해기사가 배치되어 직급별로 해당 업무를 수행하고 있다. 배치된 해기사가 같은 자격 수준과 같은 업무를 수행한다 해도 개인별 능력이 상이하므로 똑같은 수준으로 일처리가 되는 것은 아니어서 선박의 안전운항을 위한 업무상 상호 보완적인 부분이 필요하다.

4.6 자원의 제약성에 따른 주지사항

Model Course 요건 : 선내에서 자원의 제약성을 주지시키는 일반적인 방법을 이해한다.

선박은 외부의 도움 및 영향 없이 독립적인 환경을 가진 특성이 있다. 이런 환경 하에서는 주어진 자원을 최대한 활용하여 선박의 안전한 환경과 위기상황 발생 시 이 자원의 최적 사용을 통한 효과적인 대응이 필요하다. 해기사는 이런 선박의 특수한 상황을 인지하여 항상 제약에 따른 대처 능력을 키워야 한다. 선박 자원의 제약에 따른 주지할 사항은 다음과 같다.

1) 선박의 가용 자원 파악

선박 해기사의 근무지별(선교, 기관실, 갑판 등) 가용할 수 있는 자원을 식별하고 파악하여 최적 배치 및 장비운용 가이드를 마련한다.

2) 자원의 적절한 이용

배치된 물적, 인적 자원의 분석을 통한 최적 환경으로 적정 운용을 한다.

3) 자원의 한계에 따른 대처 방안 마련을 위한 계획 수립

고립된 환경인 선박에서는 자원이 제한되거나 한계에 다다를 수 있으므로 선박 내에서의 다른 자원의 이용 또는 해당 자원을 배재하여 운용할 수 있는 방안을 계획 수립한다.

5. 업무량, 휴식 및 피로

5.1 개인의 업무량

1) 업무량의 특성

- 계량화를 위한 실질적 측정 방법이 없음
- 같은 업무라도 사람마다 업무량에 대한 부담 정도는 다름
- 특정 시점에 수행중인 업무에 대하여 느끼는 감이 중요함
- 느낌과 태도는 특정 사안에 대하여 반응하는데 많은 영향을 끼침

2) 업무량과 관련한 선교의 6가지 상태

- +3 : 경보 상태(alarmed)

  과중한 업무량과 이에 따른 스트레스로 위험 상태가 됨
- +2 : 근심 상태(concerned)

  무엇이 문제인지 명확하지 않고, 업무 수행에 지장이 발생하며, 업무량이 늘어남
- +1 : 최적 상태(optimum)

  당직자는 빈틈없는 집중력이 있고, 기분이 좋은 업무 수행의 최적 상태
- -1 : 권태 상태(bored)

  지루함을 느끼고 작은 실수가 생기기 시작함
- -2 : 부주의 상태(inattentive)

  머리가 멍해지고 졸음이 오며, 실수가 빈발하게 되며, 심각한 상태가 될 수 있음
- -3 : 위기 상태(critical)

  긴박한 상황에서 집중력을 발휘할 수 없고, 적합하게 대처할 수 없는 위험한 상태

3) 선교 상태에 영향을 미치는 주요 요소

- 업무량의 정도(workload)
- 성향(personality)
- 동기부여(motivation)
- 경험(experience)
- 피로도(tiredness)
- 건강상태(health)
- 외부환경의 변화(external environment change)
- 선교 장비의 발전(technology)

5.2 높은 업무량의 위험성

Model Course 요건 : 높은 업무량의 위험성을 이해한다.

1) 업무량의 범위

Underload(저부하)   Normal(정상)   High(높음)   Overload(과부하)

2) 작업 과부하의 영향 및 대책

- 작업 과부하 상태의 증후
  - 인식하는 것이 어렵고 집중력이 저하됨
  - 노력 배가, 실수 잦음
  - 긴급 업무에 신경
  - 강박관념, 짜증, 말수가 적어짐
  - 중요한 일에 소홀

- 작업 과부하의 대책
  - 작업 과부하를 방지하기 위한 사전계획 수립 필요
  - 작업수와 작업가치를 줄이고, 시간은 늘릴 때 작업 과부하 감소
  - 적절한 사전계획 수립과 타인에게 업무 위임을 통해 이루어질 수 있음
  - 중요성이 낮은 작업을 하지 않거나 연기함
  - 미리 작업을 수행함으로써 간접적으로 시간 조종
  - 직접적인 방법으로 시간을 벌어라(출항연기, 감속 등)
- 높은 업무량은 업무 수행능력을 저하시키고 주의를 유지하고 집중하는데 문제를 야기하므로 신체적 피로도와 함께 정신적 피로도를 고려하여 휴식이나 근무 교대시간을 결정하여야 함

5.3 낮은 업무량의 단점

Model Course 요건 : 낮은 업무량의 단점을 이해한다.

업무자체가 너무 단조롭거나 높은 수준의 각성을 요구하지 않는 작업은 업무 수행자의 주의를 환기시키지 못하고 졸림 등에 의해 업무 수행능력을 저하시키는 경향이 있음

5.4 업무량의 평가 방법

Model Course 요건 : 개인의 업무량을 평가하는 방법을 이해한다.

- 업무량은 수행해야 할 작업 수에 작업 가치 또는 비중을 곱하여 작업 수행에 허용된 시간으로 나누어 구할 수 있음

$$ 업무량(업무부담) \ 공식 \ = \ (작업 \ 수 \ X \ 작업 \ 가치 \ ) \ / \ 시간 $$

- 과학적이지는 못하지만 이해하는데는 도움이 됨
- 시계가 제한되고 선박 통항량이 많은 좁은 수로에서의 선교 업무량과 대양 항해중의 선교 업무량 차이를 나타내는 것과 같은 것임

5.5 적절한 업무량의 보장 방법

> Model Course 요건 : 개인의 적절한 업무량을 보장하는 방법을 이해한다.

1) 선장의 역할

(1) 선원들의 휴식을 방해하지 않는 방향으로 사전계획
(2) 업무 과부하 상황을 벗어나기 위해 우선순위를 결정함
(3) 도선사를 포함한 전체 선박의 업무량 관리
(4) 자신감 혹은 습관적으로 업무를 하다가 발생하는 실수를 방지하기 위해 적절한 수준의 업무량을 유지
(5) 가능한 모든 수단을 사용하여 도선사 업무의 과부하를 줄임

2) 선교팀(당직항해사)의 역할

(1) 적절한 업무량이 유지되도록 선장을 지원함
(2) 선교팀이 너무 많거나 적은 일을 수행하려고 할 경우 적절한 업무량을 유지할 수 있도록 선장이 지원
(3) 자신감 혹은 습관적으로 업무를 하다가 발생하는 실수를 방지하기 위해 적절한 수준의 업무량을 유지
(4) 사전 계획 수립에 따른 선장 보좌
(5) 위임을 받은 경우 긍정적이고 적극적으로 수용하여 선장을 보조
(6) 다른 사관에게 업무를 위임할 때에도 중요한 업무는 통제하에 두도록 하여 책임감을 잃지 않도록 함

3) 도선사의 역할

(1) 적절한 업무량을 유지할 수 있도록 선교팀 지원
(2) 위임기간 동안 선교팀 지원
(3) 다른 사관에게 조선권을 이양할 때, 정확히 위임이 되도록 함

5.6 선원의 적절한 휴식 보장 방법

Model Course 요건 : 적절한 휴식을 보장하는 방법에 대하여 이해한다.

(1) 업무량을 지속적으로 모니터링

(2) 일시적으로 특정 항해사관의 업무가 과중되면 이를 다른 항해사관과 분담하도록 조정

(3) 업무가 과중되면 이를 선교 당직 중에 해소하려는 시도가 있을 수 있으며, 이는 경계 태만의 원인이 될 수 있음

(4) 일시적으로 업무가 가중된 항해사의 선교 당직을 가끔씩 선장이 대행하고, 그 시간에 항해사의 업무를 해소토록 배려하면 큰 효과가 있음

5.7 휴식시간의 기록

Model Course 요건 : 휴식시간 기록부를 이해한다.

(1) 선원법 제62조 제3항 : 선박소유자는 해양수산부령으로 정하는 바에 따라 선원의 1일 근로시간, 휴식시간 및 시간외근로를 기록할 서류를 선박에 갖추어 두고 선장에게 그에 관한 사항을 적도록 함

(2) 선원법 시행규칙 제40조(근로시간 등의 기록 서류) : 선원법 제62조 제3항에 따른 선원의 1일 근로시간, 휴식시간 및 시간외근로를 별지 제18호 서식에 따라 기록 유지하도록 함.

선원의 1일 근로시간, 휴식시간 및 시간외근로 기록 서류
[Document of records of seafarer's daily hours of work, daily hours of rest and overtime]

선명/ Name of ship		성명/ Seafarer's full name	
IMO번호/ IMO number		직위/ Position	
국적/ Flag of ship			

날짜 Date	근로시간 (Period of work)																									휴식시간/일 Hours of rest in 24-hour	주요작업 Comments	임의 24시간 중 휴식시간 Hours of rest in any 24-hour period	임의 7일중 휴식시간 Hours of rest in any 7day period	선원서명 Signature of seafarer
	01	02	03	04	05	06	07	08	09	10	11	12	13	14	15	16	17	18	19	20	21	22	23	24					
	01	02	03	04	05	06	07	08	09	10	11	12	13	14	15	16	17	18	19	20	21	22	23	24					

선장 또는 지정된 자의 성명 / Name of master or authorized person

[그림 5-10] WORKTIME RECORD

5.8 피로의 증상

Model Course 요건 : 피로의 증상을 이해한다.

1) 피로의 정의

일에 시간과 힘을 지나치게 많이 사용하여 정신이나 육체 따위가 지쳐서 심신의 기능이 저하된 상태를 말한다.

2) 피로의 요인

(1) 선박 자동화에 의한 승무원 수의 감소, 선박 검사업무와 ISM 문서작업 등으로 인한 업무량 증가
(2) 당직 교대근무와 불규칙한 항해, 정박 및 시차 등으로 생체 주기 리듬의 붕괴, 수면의 부족과 수면 박탈
(3) 선박의 진동, 소음, 조명 및 기관실과 같은 온도가 높은 작업구역에서의 장기간 노출 등으로 인한 수면 방해로 신체적 피로를 유발
(4) 업무능력의 저하를 유발하는 피로 요인은 〈표 5-3〉과 같음

〈표 5-3〉 피로의 요인

구분	요인
승무원 요소	① 수면과 휴식 - 수면의 양과 질, 수면 기간, 수면장애/방해, 휴식간격 ② 인간의 생체시계/24시간 주기리듬(당직교대, 시차에 의한 피로 등) ③ 심리학적 및 감정적 요소 - 공포, 단조로움과 지루함 ④ 건강 - 식이요법, 질병 ⑤ 스트레스 - 직무와 관련된 기술, 지식, 훈련, 개인적 문제, 대인관계, 환경 및 시간 ⑥ 섭취한 화학물질 - 알코올, 약물(처방, 비처방), 카페인 ⑦ 나이 ⑧ 업무변동과 업무계획 ⑨ 업무량(정신적/육체적)
육상·선박관리 요소	① 조직적인 요소 - 관리 정책들과 그 유지, 육상직원과 선박승무원의 역할, 서류업무의 요구, 경제성, 운항계획, 시간외 근무, 휴식, 회사문화, 관리형태, 규칙과 규범, 자원(공급원), 선박의 유지, 승무원의 훈련과 채용 등 ② 항차와 운항계획 요소 - 출입항 빈도, 항차별 운항기간, 항로, 기상상태 등
선박요소	① 선박설계, 선박자동화 수준, 과잉 또는 중복성 수준, 장비의 신뢰성, 검사와 유지관리, 선박의 선령, 업무공간에서 신체적 만족, 주거공간의 배치, 선체 운동, 휴식 공간에서의 신체적 만족 등
환경적 요소	① 내부적 요소 - 온도, 습도, 진동, 소음, 선박의 운동(롤링, 피칭 등) ② 외부적 요소 - 기상 및 해상 상태

3) 피로의 증상

(1) 몸이 나른하고 기운이 없음

(2) 신체의 움직임이 둔하며 통제능력이 감소함

(3) 기억력과 사고력이 떨어지며 잦은 실수를 함

5.9 피로의 영향

Model Course 요건 : 피로의 영향을 이해한다.

1) 피로의 영향

(1) 인간이 지각있는 의사결정을 할 수 있도록 해주는 최적의 두뇌 상태를 경각심이라 하는데 이를 저하시킴

(2) 주의력과 기억력 저하로 자주 실수를 하게 됨

(3) 장기간 피로한 사람은 수행 노력이 작게 소요되는 위험한 방법을 선택하는 경우가 있음

(4) 외부 자극에 대한 반응이 느림

(5) 새로운 일을 해결하는 능력에 악영향을 미침

(6) 피로에 대한 일반적인 영향과 증상은 다음과 같음

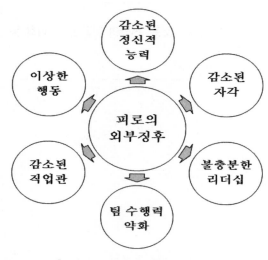

[그림 5-11] 피로의 영향

〈표 5-4〉 피로의 영향 및 증상

피로의 영향	피로의 증상
집중력 감소	- 연속적인 행동을 취할 수 없음 - 한 가지 일에 사로잡힘 - 중요한 것을 무시하고 사소한 것에 집중함 - 비효율적인 옛날의 습관으로 되돌아감 - 평소보다 경계심이 낮아짐
의사결정 능력의 저하	- 거리, 속력, 시간 등을 잘못 판단함 - 상황의 경중을 평가하지 못함 - 중요한 것을 간과함 - 간단한 계산, 기하문제 등을 풀기 어려움
기억력 감퇴	- 직무순서, 직무요소들을 잘 기억하지 못함 - 사건이나 절차를 잘 기억하지 못함 - 직무 전체 또는 일부분을 완성하기가 어려움
반응이 늦음	- 일상적인 것, 비정상적인 것 또는 비상상황에 대하여 반응이 느리거나 적절히 반응하지 못함
신체조절 및 통제능력의 감소	- 술에 취한 것처럼 됨 - 깨어 있는 상태로 유지하기가 어려움 - 말을 얼버무리는 등 말하는 것에 영향을 받음 - 들어 올리거나 밀거나 잡아당기는 일을 할 때 힘을 쓰지 못함 - 물건을 떨어뜨리는 빈도가 높음
분위기가 달라짐	- 평소보다 조용하거나 말이 없어짐 - 평소와 달리 화를 잘 내거나 민감해짐 - 편협해지고 비사교적인 행동이 늘어남 - 의기소침해짐
행동이 변함	- 예상된 위험을 간과함 - 경고신호를 무시하거나 간과함 - 자신이 잘못하고 있다는 것을 알지 못함 - 너무 과용이 앞서서 위험을 초래하게 됨 - 정상적인 절차를 무시함 - '괜찮다'는 표시행위를 자주 취함
육체적 불편	- 두통, 현기증, 가슴 두근거림, - 불규칙적인 심장맥동, 호흡불편, - 식욕부진, 불면증, 식은 땀, 소화불량

2) 피로의 종류, 원인 및 해결책

〈표 5-5〉 피로의 종류 및 해결방안

피로의 종류	정의, 원인 및 해결책
생리적 피로	- 정의 : 생활의 갑작스런 변화에 몸이 적응을 못해서 생기는 현상을 말함. - 원인 : 심한 운동을 했을 경우, 외국여행 등 - 해결 : 충분한 수면과 휴식
스트레스성 피로	- 정의 : 일 또는 경쟁적인 대인관계에서 발생할 수 있으며, 주변상황에 민감한 반응 - 원인 : 과도한 업무량, 어려운 상황에 직면한 경우, 힘든 목표에 집착한 경우 등 - 해결 : 질병은 없으나 완벽주의 성격을 가진 사람들의 경우에는 유연한 성격으로 변경 필요
정신질환성 피로	- 정의 : 감정이나 심리 상태에 따른 피로감 - 증상 : 우울증, 불안증, 적응장애, 강박장애, 불면증, 두통, 식욕부진, 소화불량, 변비 등 - 해결 : 적절한 운동이나 취미 활동이 필요하며, 심할 경우에는 정신과 상담 및 치료 필요
신체질환성 피로	- 증상 : 빈혈, 결핵, 만성 간질환, 당뇨병, 갑상선질환, 신부전증, 심부전증, 각종 암 등
만성피로	- 기억력 또는 집중력 장애, 인후통, 목이나 겨드랑이 임파선의 압통, 근육통, 관절통, 두통, 수면 후 상쾌한 느낌이 없음, 운동이나 일을 하고 난후 심한 권태감이 오는 경우 - 위에 있는 8개 중에 4개 이상이 6개월 이상 지속될 경우 - 피로가 6개월 이상 지속되거나 반복되는 경우 - 휴식을 취해도 피로가 회복이 안 되는 경우에는 만성피로증후군에 해당됨

5.10 피로관리 지침과 관련 법규 및 극복 방안

Model Course 요건 : 피로관리 지침과 관련 법규 및 극복방안을 이해한다.

1) 피로관리 지침

(1) 피로관리의 첫 번째는 관련 국제협약과 국내법규의 준수이다.

(2) 선원법 제60조에 선원의 근로시간과 휴식시간에 대하여 다음과 같이 규정하고 있다.

① 근로시간은 1일 8시간, 1주간 40시간으로 한다. 다만, 선박소유자와 선원 간에 합의하여 1주 간 16시간을 한도로 근로시간을 연장(이하 "시간외근로"라 한다)할 수 있다.

② 선박소유자는 제1항에도 불구하고 항해 당직근무를 하는 선원에게 1주간에 16시간의 범위에 서, 그 밖의 선원에게는 1주간에 4시간의 범위에서 시간외근로를 명할 수 있다.

③ 선박소유자는 제1항 및 제2항에도 불구하고 선원에게 임의의 24시간에 10시간 이상의 휴식 시간과 임의의 1주간에 77시간 이상의 휴식시간을 주어야 한다. 이 경우 임의의 24시간에 대한 10시간 이상의 휴식시간은 한 차례만 분할할 수 있으며, 분할된 휴식시간 중 하나는 최 소 6시간 이상 연속되어야 하고 연속적인 휴식시간 사이의 간격은 14시간을 초과하여서는 아니 된다.

④ 제2항 및 제3항에도 불구하고 해양항만관청은 입항·출항 빈도, 선원의 업무특성 등을 고려 하여 불가피하다고 인정할 경우에는 당직선원이나 단기 항해에 종사하는 선박에 승무하는 선 원에 대하여 근로시간의 기준, 휴식시간의 분할과 부여간격에 관한 기준을 달리 정하는 단체 협약을 승인할 수 있다. 이 경우 해양항만청장은 해당 단체협약이 해양수산부령으로 정하는 휴식시간의 완화에 관한 기준에 적합한 것에 한하여 승인하여야 한다.

⑤ 제4항의 단체협약에는 제69조제1항에 따른 유급휴가의 부여 간격보다 더 빈번하거나 제70조 제1항에 따른 유급휴가일수보다 더 긴 기간의 유급휴가를 부여하는 내용이 포함되어야 한다.

⑥ 선박소유자는 인명, 선박 또는 화물의 안전을 도모하거나, 해양 오염 또는 해상보안을 확보하 거나, 인명이나 다른 선박을 구조하기 위하여 긴급한 경우 등 부득이한 사유가 있을 때에는 제1항 및 제2항에 따른 근로시간을 초과하여 선원에게 시간외근로를 명하거나 제3항에 따른 휴식시간에도 불구하고 필요한 작업을 하게 할 수 있다.

⑦ 선박소유자는 제6항에 따라 휴식시간에도 불구하고 필요한 작업을 한 선원 또는 휴식시간 중 에 작업에 호출되어 정상적인 휴식을 취하지 못한 선원에게 작업시간에 상응한 보상휴식을 주어야 한다.

⑧ 선박소유자는 선박이 정박 중일 때에는 선원에게 1주간에 1일 이상의 휴일을 주어야 한다.

2) 피로 방지를 위한 사전 계획의 수립

(1) 사전 계획 수립

- 관리자는 사전 계획을 수립하여 구성원 한 사람에게 과도한 업무가 부여되지 않도록 하여야 함
- 필요시 업무 조정 및 추가 인원 배치도 고려하여야 함

(2) 당직사관에 대한 배려

- 업무 과중에 따른 피로도 해소
- 개인 인성 및 고충 상담
- 휴식 등의 배려
- 초임사관 및 신규 승선자에 대한 배려

6. 이의제기 및 수용

6.1 이의제기 및 수용의 의미

> Model Course 요건 : 이의제기 및 수용의 개념을 이해한다.

1) 이의제기의 개념

이의제기란 조직 내에서 함께 일하는 구성원들의 업무수행 과정에서 무엇인가 잘못 되어가고 있음이 발견되었을 때 또는 의사소통 과정에서 서로 이해하고 있는 개념에 차이가 있다고 생각될 때, 이를 지적하거나 또는 자신이 생각하고 있는 개념을 분명하게 이야기하는 것을 의미한다.

〈표 5-6〉 선교에서의 이의제기

```
선장: 저기 좌현 선수에 있는 어선이 본선 선수를 횡단할 모양이다. 본선 선수를 왼쪽으로
      돌려주자. 타수! 키 잡아
타수: 선장님 키 준비되었습니다.
선장: Port 15!
타수: Port 15!
2항사: (쌍안경으로 상대선 관측하면서) 선장님, 저 선박이 우현으로 변침하려는 것 같습니
      다. 좌현 변침하면 위험할 것 같습니다.
선장: 그래? Midship
타수: Midship.
```

2) 이의제기의 필요성

(1) 사람은 누구나 실수를 범할 수 있음

(2) 근무현장에는 사고를 일으킬 수 있는 인적, 물적 또는 기술적 잠재 위험요소가 상시 존재하지만 이런 위험요소는 인식되지 못한 채 간과되기 쉬움

(3) 사람은 모든것을 스스로 판단하고, 결정하고, 실행하려고 하는 경향이 있음

(4) 동일한 상황 또는 동일한 사물에 대해 인식하고 있는 개념이 서로 다를 수 있음

3) 이의제기 및 수용 분위기 조성의 필요성

(1) 이의제기 및 수용을 통하여 인적과실을 사전에 예방할 수 있음

(2) 이의제기 및 수용이 가능한 분위기는 조직 내 의사소통을 원활하게 하는데 효과적임

(3) 이의제기 및 수용이 가능한 분위기는 조직 구성원들 상호간의 신뢰도, 친화감 및 업무의 적극성을 높여줌

4) 행동방침

(1) 이의제기 하는 입장

- 건설적인 이의제기는 매우 유익한 것임을 유념함
- 상사, 동료 및 부하직원의 직무수행이 잘못되어 가고 있다고 생각될 때에는 즉시 이의 제기 함
- 직무관련 대화에서 서로 생각하는 개념의 차이가 있다고 여겨질 때 언제라도 이의제기 함
- 이의제기 할 때는 상대방의 감정을 고려하여 정중하게 하고 특히 상사의 권위를 해치 지 않도록 조심하여야 함
- 이의제기는 일에 관한 것이지 사람에 관한 것이어서는 안됨

(2) 이의제기 받는 입장

- 건설적인 이의제기는 매우 유익한 것임을 유념함
- 이의제기는 일에 대한 것이지 자신의 인격에 대한 것이 아님에 유념하여야 함
- 이의제기의 수용은 또 다른 건전한 이의제기를 유도하는 것임을 유념할 것

(3) 선교에서의 행동방침

- 선장
  - 의도(Intention)를 말함
  - 의도 외로 나가면 이의제기를 함

- 가능하면 제 3의 정보를 이용하여 검증함
- 이의제기를 수용하거나 부정함
- 개념 차이가 있을 때 전 팀원이 이의제기하도록 강조함

■ 도선사
- 이의제기를 요청함
- 시간이 있으면 받은 이의제기를 확인 또는 부정하고, 시간이 없으면 신중히 수용함

■ 선교팀원
- 의도를 인지하고 이의제기 함
- 조선시 자신의 의도를 말하고 논의함
- 한계선을 넘거나 원래의 의도와 비교하여 상황에 의심이 생기면 이의제기 함

6.2 이의제기 및 수용 분위기를 저해하는 요인

Model Course 요건 : 이의제기 및 수용을 저해하는 요인을 이해한다.

[표 5-7] 이의제기 및 수용을 저해하는 요인

이의제기를 저해하는 요인	이의제기 수용을 저해하는 요인
상급자의 능력 과신	지나친 권위 의식
자신의 내성적 성격(자기주장 약함)	지나친 책임감
자신감 결여	자신의 능력 과신, 지나친 자신감
무관심	자신감 결여
책임회피	소극적인 성격(관리능력 빈약)
조직 구성원간의 갈등	폐쇄적인 성격(의사소통 빈약)

6.3 권위주의적 접근 방식이 정당화되는 경우

Model Course 요건 : 권위주의적 접근 방식이 정당화되는 경우를 이해한다.

1) 권위(Authority)와 권력(Power)의 개념

(1) 권력이 정당할 될 때 권위가 됨

(2) 권력은 자신이 원하는 것을 다른 사람이 따르도록 강제화하는 능력이고 권위는 다른 사

람이 자발적으로 따르도록 하는 능력임

(3) 권력행사에 많은 비용과 노력이 소요되지만 정당화된 권위는 비용과 노력이 감소됨

(4) 권력은 제도적 환경에서 권위로의 변환이 이루어짐

(5) 권위는 권력을 생산하는 자원 또는 승인에 의해서 뿐만 아니라 정상적이고 납득할만한 것으로 정의하는 사회적 압력과 규범에 의해서 유지됨

2) 권위의 유형

막스 베버는 권위를 다음의 3가지 유형으로 구분하였다.

- 합리 · 합법적 권위 (rational-legal authority): 문서화되고 때로는 매우 복잡한 형태의 공식적 규정에 의해 정당화되는 권위로 가장 대표적 예는 국가가 법률에 의해 기업 등에 주는 제도적 권리, 정부 공직자들의 권한 등이며, 이 권위는 계층제의 명령과 지시의 질서에 따라 대리, 위임됨
- 전통적 권위 (traditional authority): 관행, 습관, 사회구조로부터 나오는 권위로 비공식적 역할이 오랜 시간을 거쳐 안정적으로 자리잡게 되었을 때 나오는 능력 권위임
- 카리스마적 권위 (charismatic authority): 권위가 특정 개인 또는 집단이 가진 천부의 재능, 특별한 능력, 신의 은총(gift of grace) 등에 의존하는 경우로 자신들의 리더가 특별히 신이나 영감, 계시, 자연의 법칙 등에 의해 강력한 힘을 부여받은 것으로 추종자들이 믿을 때 생겨나는 권위로 이것은 합리 · 합법적 권위나 전통적 권위보다 정당성에서 보다 우위에 있음

3) 수용권(zone of acceptance)

(1) 권위에는 수용권이 있으며, 상관의 지시라도 이러한 수용권을 벗어나면 효과적이지 않고 부하들은 거부하는 경향이 있어 공식적 권위도 이러한 경우에 제한을 받음

(2) 현대 조직에서 부하들은 자주 상관의 공식적 권위에 의문을 제기하는데, 예를 들어, 노동자들은 조직의 명령이나 지시가 수용권을 벗어날 때 노동조합을 통해 거부함

(3) 상기 세 가지 권위가 통합되는 경우, 부하의 수용권은 넓어지고 권위는 보다 효과적이 됨

6.4 지휘계통(Chain of Command)

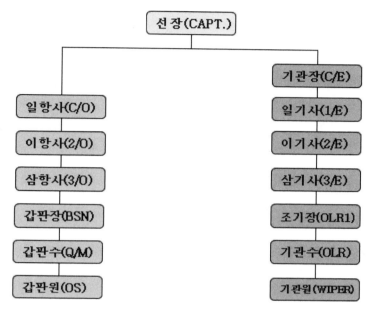

[그림 5-12] 선내 조직도

(1) 지휘 계통은 군대에서 만들어진 개념으로 권력과 책임의 체계로써 지시는 조직 내 상위
층에서 하위층으로 또는 그 업무를 실행할 사람에게로 지휘계통에 따라 전달됨

(2) 선상 조직은 관리급과 운항급 및 부원급으로 구성되어 있으며, 업무 수행에 있어서 지휘
계통은 부서별 상하 수직적 구조로 되어 있음

(3) 지시는 지휘계통에 따른 자신의 직속상관으로 부터 받으며 자신의 직속 부하에게 전달되
어야 함. 즉, 지휘계통에 의해 각각의 구성원은 한 명의 직속 상급자로부터 명령을 받고
직속 부하에게만 명령을 하여야 함

(4) 일례로 선장이 1등기관사에게 지시를 하는 것은 기관장의 권위를 무너뜨리는 상황이 발
생할 수 있음

정리 　평가 및 태도 변화

평가

- 평가자는 평가 내용에 제시되어 있는 내용을 성공적으로 수행할 수 있는지를 평가해야 한다.
- 평가자는 다음 사항을 평가해야 한다.

학습 내용	평가 항목	성취수준		
		상	중	하
계획과 조정	- 계획의 수립절차를 확인하고 작성할 수 있다.			
개인 업무 배정	- 선박의 업무 배정 고려요소를 고려하고 안전한 당직팀 구성에 대해 설명할 수 있다.			
인간의 한계	- 인간의 한계를 초래하는 요인을 파악하고 극복 방안을 제시할 수 있다.			
시간 및 자원의 제약	- 시간 및 자원의 제약 요소를 이해하고 이를 효율적으로 관리하는 방법을 설명할 수 있다.			
업무량, 휴식 및 피로	- 업무량에 따른 성과 및 피로도의 차이를 알고 피로를 해소하는 방법 및 적절한 업무량 보장방법에 대해 이해한다.			
이의제기 및 수용	- 선박의 지위계통을 이해하고 이의제기 방법에 대해 설명할 수 있다.			

태도 변화

- 지금까지의 학습내용을 정리하면서 나의 변화를 위한 내용들을 정리해 봅시다.

새로 할 것 / 개선해야 할 것	버려야 할 것 / 줄여야 할 것

쉬어갑시다!

스티븐 코비가 전하는 7가지 성공습관 !

내면으로부터 다시 변화하라 !

창의적이고 개방적인 사고, 적극적이고 긍정적인 마인드, 도전적이고 열정적인 태도는 성공한 사람들의 공통된 특징이다. 이러한 외적인 변화를 갖기 위한 다양한 테크닉과 처세술은 아무나 쉽게 따라할 수 있지만 누구나 오래가진 않는다. 이 책에서는 이러한 성공적인 변화를 위해서 원칙을 중심으로 성품에 바탕을 두고 내면에서부터 변화하는 새로운 패러다임 전환을 이야기하고 있다.

본문에서 소개하고 있는 7가지 습관은 개인이나 조직을 성공적으로 만드는 습관들로 의존적 단계에서 출발하여 독립적 단계 그리고 상호의존적 단계로 점진적으로 나아가게 한다.

습관 1 자신의 삶을 주도하라.
습관 2 끝을 생각하며 시작하라.
습관 3 소중한 것을 먼저하라.

이는 자기완성을 위한 것으로 개인적 승리인 자신에 대한 리더십에 대해 통찰한다. 독립적 단계인 습관 1, 2, 3이 선행된 후에는 비로소 팀워크, 협동, 커뮤니케이션 등과 같은 상호의존적 단계인 습관 4, 5, 6을 다룬다.

습관 4 승-승을 생각하라.
습관 5 먼저 이해하고 다음에 이해시켜라.
습관 6 시너지를 내라.

끝으로,

습관 7 끊임없이 쇄신하라.

이는 재충전의 습관이다. 지속적인 자기 개선을 위한 습관으로 다른 모든 습관들을 둘러싸고 보조해준다.

그전까지 외부에서부터 시작하여 내면을 변화시키는 접근방법들은 자신의 태도나 행동을 조절하거나 좋은 기법들을 사용하는 것으로 만성적이고 근원적인 문제는 그대로 남아 있었다. 하지만 이 책에서 제시한 7가지 습관들은 내면에서부터 변화하는 본질적인 패러다임으로 스스로를 검토하고 자신의 삶을 잘 관리하는 것으로 절대 변치 않는 성공습관이다.

제6장 효율적인 자원관리

<table>
<tr><td rowspan="1">학습 목표</td><td>✔ 선박과 육상 간 효율적인 의사소통을 위한 방안을 설명할 수 있다.
✔ 우선순위 결정을 위한 방안을 설명할 수 있다.
✔ 자원의 배정을 위한 방안을 설명할 수 있다.
✔ 작업성과 평가에 대한 내용을 이해하고 설명할 수 있다.
✔ 장·단기 전략에 대해 이해하고 설명할 수 있다.</td></tr>
</table>

<table>
<tr><td>재료·자료</td><td>▪ IMO 모델코스
▪ 의사소통, 시간관리 서적</td></tr>
</table>

1. 선박과 육상 간 효율적인 의사소통

1.1 의사소통의 본질

Model Course 요건 : 효과적인 의사소통의 본질을 이해한다.

1) 행동방침

① 의사소통의 목적을 항상 기억한다.

② 의사소통 시 상대의 의도와 목적을 파악한다.

③ 지침과 기준을 구체적으로 제시하여 구성원들이 쉽게 식별할 수 있도록 한다.

④ 상기 지침과 기준 이탈시 항상 질문하도록 말한다.

⑤ 팀원의 행동이 지침과 다를 때는 의사소통의 문제를 먼저 확인하라.

⑥ 선내 공용어 또는 표준해사영어를 사용한다.

⑦ Checklists를 사용한다.

⑧ 의사소통 전에 전달 방법을 계획한다.

⑨ 전 팀원이 참가하는 Briefing 또는 Toolbox meeting을 실시한다.

⑩ 쌍방향 소통을 한다.

⑪ 실수를 줄이기 위해 비상 시 폐쇄형 의사소통 방식을 활용한다.

⑫ 의사소통의 4가지 토대(존중하는 마음, 사려품은 태도, 다양한 시각, 철저한 준비)를 항상 기억한다.

　의사소통의 대표적인 형태는 개방형과 폐쇄형(Closed Loop)으로 구분할 수 있다. 개방형은 상호간의 의견이나 생각을 구체적이고 명확하게 설명을 하는 일상적인 대화의 형식인 반면에 폐쇄형은 짧고 간결한 문답식의 형식으로 선박에서 입출항 시, 비상상황 시 또는 긴급상황 시 오해와 실수를 방지하기 위해 적용하는 형태이다. 대표적으로 복명복창을 들 수가 있다. 다만, 주의할 점은 폐쇄형 의사소통이 무조건 잘못된 형태는 아니라는 점이다. 일상생활에서 개방형 의사소통을 구사하고 상기 특정한 상황에서는 폐쇄형 의사소통을 하여 실수를 방지하는 것을 도모하는 것이 중요하다.

　이 둘의 차이점에 대해 팀 활동을 통해 이해해 보고 과연 선상 생활 중 개방형 의사소통의 사용빈도와 폐쇄형 의사소통의 사용빈도를 고민해 보고 어떻게 적용할 것인지에 대해 논의하여 보자.

팀 활동	■ 사람이름 맞추기 포스트잇을 각 2장씩 받고 첫 번째 장에 누구나 알만한 한국 유명인의 이름을 적는다. 이것을 좌우 사람들이 보지 못하게 하여 오른쪽 사람의 등에 부착한다. ※ 게임의 룰 - 2인 1조씩 돌아가며 서로의 등에 부착된 이름을 상대에게 보여준다. - 상대에게 질문 3번을 하고 상대는 답변을 3번 한다. - 이 과정을 서로 하고 본인의 등에 붙은 이름을 맞춘다. - 폐쇄형의 경우 '예/아니오'라고만 답변해야 한다. - 개방형의 경우 답변 시 설명을 할 수 있다.

2) 말의 힘

인간에게 있어서 가장 중요한 능력은 자기 표현이며, 현대의 경영이나 관리는 커뮤니케이션에 의해 좌우된다.

- 피터 드러커 교수

조직생활에서 핵심적인 요소는, 첫째도, 둘째도, 셋째도 커뮤니케이션이다.

- 전 IBM 회장, 루이스 거스너

앞으로 기업의 성패는 커뮤니케이션 갈등을 얼마나 줄이느냐에 달려있다.

- 전 마이크로소프트 회장, 빌 게이츠

좋은 말	■ 곰팡이 사례(에사토 마사루) 두 개의 유리병 속에 밥을 넣고 한 달간 실험을 한 결과 좋은 말만 한 병속의 밥은 향기로운 누룩인 흰색 곰팡이가, 나쁜 말만 한 병속의 밥은 악취가 나는 검은색 곰팡이로 변하였다. 이러한 실험에서도 볼 수 있듯 말이 주는 영향력을 가볍게 대할 것이 아니라 신중하게 접근해야 할 것이다.

3) 효과적 소통을 위한 Speak up Policy

(1) 칭찬의 기술

상대방에 대한 칭찬은 최고의 소통 방법 중에 하나라고 누구나 생각할 수 있다. 그러나 이러한 칭찬도 제대로 사용하지 않으면 오히려 역효과를 낼 수 있음을 고려해야 한다.

① 성의 없는 칭찬을 피하라

이하동문 인사치레는 불신감 유발, 진정성 급감 및 의심 증대를 초래한다. 이는 칭찬불감 증세를 가져오므로 칭찬에 사람을 맞추지 말고 사람에 칭찬을 맞추어야 함을 기억해야 한다. (예, 맞춤형의 칭찬)

② 과한 칭찬을 피하라

일명 MSG 칭찬이라 하는데 조미료가 많이 든 음식은 결국 속이 거북해진다. 최고/완벽 등의 성공에 대한 극한 찬사는 지양하고 자기 확인의 칭찬은 이미 스스로 인정하고 있는 자신의 장점이므로 자기 확대의 칭찬이 필요하다(자신이 깨닫지 못한 점). 또한 도를 넘는 과장된 칭찬, 결점까지도 엉뚱하게 추켜올리는 칭찬은 불안감 증대와 부담스럽거나 자만심이 생긴다.

최고의 칭찬에 걸맞게 행동하려니 불편하고 정체 탄로의 초조감에 시달리거나, 내면을 숨기려는 반동형성 즉 칭찬에 걸맞은 사람이 되기 위해 자신의 능력과 태도를 수단을 가지지 않고 꿰어 맞추려는 현상이 발생한다. 요리 달인은 소스를 남발하지 않고 재료의 맛을 살린다는 점을 참고하면 될 것이다.

③ 공정/공평하지 못한 칭찬을 피하라

이는 조직원에게 상대적 박탈감을 느끼게 한다. 칭찬이 조직 기준이 아니라 리더의 기분에 의해 오르락내리락 할 때 사람들은 칭찬의 가식성, 꿍꿍이속에 기분이 나빠지게 되어 있다.

중요한 것은 기대치 위반 효과와 마지막 말을 잘 기억하려는 사람의 심리적 특성을 고려한다면 칭찬은 대화의 마지막에 하는 것이 더 효과적이라는 것이다. 이는 실제 실험을 통해서도 입증이 된 바가 있다. 특히, 승선생활 중 분명히 부정적인 대화 또는 실수에 대한 꾸짖음을 할 경우가 있는데, 이럴 경우 부정적 학습 이후에 마지막에 칭찬으로 마무리를 한다면 당사자는 실수에 대한 수용뿐만 아니라 더 열심히 하고자 하는 의지를 가질 또 다른 교훈을 받을 수 있을 것이다.

(2) 복사 화법

대화 시 남성과 여성의 큰 차이점은 남성의 경우 해결을 하고자 하는 본능이 강하여 대화가 원활하게 진행이 잘 안 되는 특성이 있으며, 여성의 경우는 공감의 본능이 강해 대화가 잘 이루어질 수밖에 없다. 선상생활에서 대부분 남성으로 구성된 조직에서 특히, 이러한 복사화법을 잘 구사한다면 공감능력을 향상시킨 대화로 잘 이끌어 낼 수 있을 것이다.

간단한 방법은 상대방이 얘기한 핵심 문구를 답을 하거나 해결하려하지 말고 그대로 복사하여 반복하여 준다는 것이다.

복사 화법 사례	어느 날 팀장이 사무실 출근을 하면서, "좋은 아침~~" 이라고 얘기한다면 당신은 뭐라고 할 것인가? 대부분의 사람들은, "좋은 아침입니다" 라고 응대할 것으로 예상됩니다. 이럴 경우 복사 화법을 활용한다면? "팀장님, 좋은 일 있으신가 보네요?" 라고 응대해보세요. 그러면 분명 좋은 일이 있는 팀장이 얘기를 꺼낼 겁니다. "그래~~ 어제 새벽에 미국에서 유학중인 조카에게서 연락이 왔는데 아니 이 녀석이 하버드 법대에 입학을 했다더군. 허허~~" 보통 일반적인 사람들은, "축하드립니다~~" "대단하십니다~~" 이렇게 응대할 것입니다. 이런 축하를 받은 팀장은 더 이상 할 얘기가 없어지겠죠? 자 이제 대화를 이어갈 차례입니다. 또 한 번 복사 화법을 사용해보면, "하버드 법대에요? 와~~ 대단하네요." 그럼 팀장은 또 얘기거리가 생깁니다. "그래 그 녀석이 한국에서 중학교까지 다니다가 학교생활 적응이 안 돼 걔네 부모가 미국 유학을 보냈는데... 처음엔 걱정했는데 말이야. 결국 하버드 법대에 입학했네!" 이 정도가 되면 짧지만 핵심 있는 대화는 다 나눴다고 보시면 되겠죠. 아마도 팀장의 아침은 또 한 번 기분이 좋은 하루 일 것입니다. 간혹, 일반적인 응대정도로도 중간을 하지 않냐 라고 얘기하는 분들이 있습니다. "요즘은 하버드법대 보다 예일 법대가 더 좋다던데..." 과연 여러분은 어떻게 대화를 하시나요?

(3) 1,2,3 화법

상대방의 마음을 내게 기울일 수 있는 강력한 방법입니다.

1은 1분 동안 말하고,

2는 2분 동안 들어주고,

3은 2분 동안 들어줄 때 3번 이상 맞장구를 쳐라

위의 1,2,3 화법은 결국 경청의 자세를 강조하는 것으로 경청을 위한 방법은 아래와 같다.

① 해야 할 것

    - 참을성을 키우라.

    - 질문을 하라.

    - 눈을 마주쳐라.

    - 적극적으로 Body Language를 구사하라.

② 하지 말아야 할 것

    - 상대가 말하는 것에 대해 마음속으로 토론하지 마라.

    - 화제를 돌리지 마라.

    - 도중에 참견하지 마라.

    - 다른 사람의 말을 당신이 종결하지 마라.

    - 상대가 말할 것을 사전에 예측하지 마라.

    - 무시하지 마라.

    - 말하는 도중 다른 일을 하지 마라.

(4) 배려

배려(配慮)는 '짝 배'와 '생각 려'라는 한자가 조합된 것으로 상대방의 입장에서 그 사람이 바라는 것을 존중해 줄 수 있는 마음이다.

결국 상대방의 입장을 인정해주고 존중하려면 우리는 상대의 생각이나 의견에 대해 그 차이를 바라보는 관점에 변화를 줄 필요성이 있다.

차이의 관점은 '틀림'과 '다름'으로 상대의 의견이 나와 틀렸다라고 판단하는 순간 상대에 대한 존중은 없을 것이나, '나와 다르다'라는 생각을 가지게 되면 분명 그 의견을 존중하게 되고 결국 나아가서는 소통의 길로 접어들게 될 것이다.

따라서 배려는 선택이 아니라 공존의 절대원칙이라 해도 과언이 아닐 것이다.

	■ 다름에 대한 관점의 변화
	- 내성적인 학생은 생각을 진지하게 해서 좋습니다.
	- 사교성이 적은 학생은 정직하고 과장되지 않아 좋습니다.
	- 소심한 학생은 실수가 적고 정확해서 좋습니다.
내면의 생각	- 질투심이 많은 학생은 의욕이 넘쳐서 좋습니다.
	- 말이 많은 학생은 지루하지 않아 좋습니다.
	- 자신감이 없는 학생은 겸손해서 좋습니다.
	- 직선적인 학생은 속정이 깊어 좋습니다.
	★ 긍정적인 시각으로 보면 칭찬과 격려가 보입니다.
	☞ 김인중의 "가고 싶은 학교, 머물고 싶은 교실"

---

4) 의사소통의 정의

(1) 어원

어원은 라틴어의 '나누다'를 의미하는 'Communicare'이다. 신(神)이 자신의 덕(德)을 인간에게 나누어 준다거나, 열(熱)이 어떤 물체로부터 다른 물체로 전해지는 따위와 같이, 넓은 의미에서는 분여(分與)/전도(傳導)/전위(轉位) 등을 뜻하는 말이지만, 근래에는 어떤 사실을 타인에게 전하고 알리는 심리적인 전달의 뜻으로 쓰인다.

(2) 정의

① 정보를 전달하고 반응을 끌어내는 것
② 정보, 관념, 태도를 공유 또는 전달하는 것
③ 일련의 규칙에 따라 행동의 여러 요소나 생활의 여러 양식을 공유하는 것
④ 정신이 서로 통하는 것, 참여하는 사람들이 서로 이해하는 것
⑤ 사람이나 집단으로부터 다른 사람 또는 집단에게 주로 상징에 의해 정보를 전달하는 것
⑥ 메시지에 의한 사회적 상호작용

(3) 본질

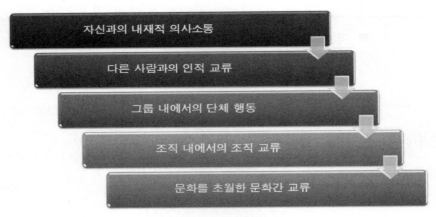

[그림 6-1] 의사소통의 본질

1.2 의사소통 체계

Model Course 요건 : 의사소통 시스템의 주요 구성요소를 이해한다.

1) 의사소통의 주요 구성요소

(1) 구성요소

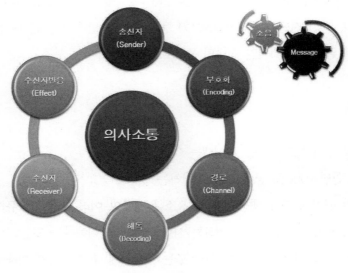

[그림 6-2] 의사소통의 구성요소

(2) 송신자와 관련된 장애요인

① 목적의식의 부족
② 말하는 기술의 부족
③ 대인 감수성의 부족
④ 어의상의 부족
⑤ 정보의 여과

(3) 수신자와 관련된 장애요인

① 평가적 경향
② 선입관
③ 선택적 청취
④ 피드백 부족
⑤ 신뢰도 결핍

(4) 상황과 관련된 장애요인

① 정보의 과중
② 시간의 압박
③ 분위기
④ 비언어 메시지

(5) 4 sides communication model

① 사실(factual information)
② 자기현시(self-revelation)
③ 관계(relationship)
④ 호소(appeal)

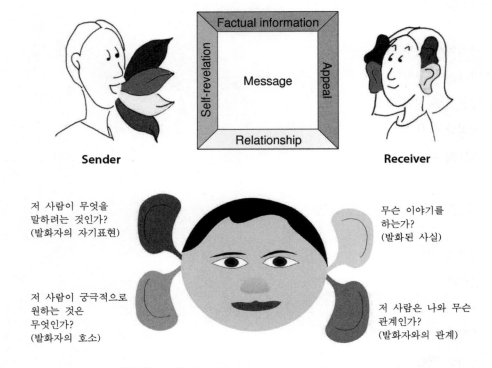

[그림 6-3] 4 sides communication model

2) 선상 의사소통

(1) 불충분한 대화 요인

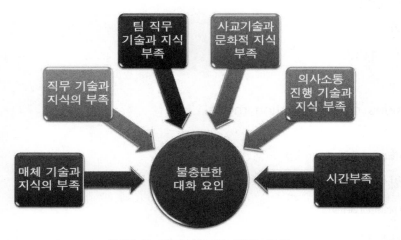

[그림 6-4] 불충분한 대화 요인

(2) 선상에서의 일상적 장애

① 다양한 국적에 의한 상이한 모국어
② 상이한 영어 수준
③ 다른 전달 매체
④ 전파간섭 (VHF, 트랜시버 등)
⑤ 정직함과 문화적 차이

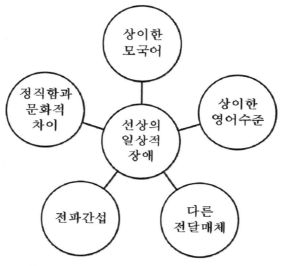

[그림 6-5] 선상에서의 일상적 장애

　선박의 선원은 대인접촉의 범위가 좁고 승선 중에는 육상과 접촉하는 기회가 적으며, 적은 숫자의 승무원 중에서도 한정된 자 이외에는 개인적인 접촉이 적다. 따라서 선원 자신이 스스로 얻을 수 있는 정보는 한정되고 그 양도 적기 때문에 정보에 대해서는 항상 수동적이게 되고 소외감을 느끼게 된다.

　선원들은 다른 사람으로부터 제공되는 정보를 선별하여 받아들일 여지가 적고, 판단자료가 부족하기 때문에 과거의 경험을 근거로 다른 사람의 정보를 판단하기 때문에 정확한 정보가 전달되지 않고 모호하게 판단하는 경우가 많다.

　영업환경이 좋지 않아 해운사의 생존이 걸려 있을 경우 육상과 해상간의 의사소통에도 많은 영향을 미치게 된다. 선원들에게 미치는 Hidden Pressure는 선박 안전을 위험하게 하는 많은 의사결정을 하는 배경이 된다.

특히 선박은 상하 간 엄격한 위계질서가 존재하므로 상급자의 지시 내용에 대해 쉽게 이의 제기를 할 수 없어 잘못된 정보가 제공되더라도 시정이 용이하지 않아 잘못된 행동결과로 이어질 가능성이 높다.

또한 대부분의 선박은 외국인 선원과 혼승하고 있는데 상이한 모국어를 사용하고 있어 의사소통에 문제가 초래하고, 선내 공용 언어인 영어를 사용하더라도 영어 어휘나 구사능력이 상이하다보니 전달자의 의사가 수신자에게 충분히 전달되지 않을 가능성이 많다.

1.3 의사소통 기법

Model Course 요건 : 효과적인 의사소통 기법을 이해한다.

1) 효율적인 의사소통

[그림 6-6] 의사소통의 핵심

상기 그림과 같이 효율적인 의사소통을 위해 요구되는 사항은 다양하다. 그 중에서도 정확, 간단, 명료는 특히 강조가 되어야 할 부분이며 선상에서 소통 시 염두에 두고 이행할 필요가 있다.

실제 해운회사에서 주니어사관들의 선상생활 만족도 설문조사를 시행한 결과 선상생활 중 상급자들의 불분명하고 애매한 업무지시에 '어려움을 느꼈다'라는 의견을 다수 접할 수 있었다. 따라서 선박에서는 좀 더 구체적이고 명확한 의사전달이 더욱 강조될 필요성이 있다.

2) 브리핑과 디브리핑

(1) 브리핑과 디브리핑의 효과

① Communication의 초점은 Briefing & Debriefing으로 봐도 무방하다.
② Concept이 공유되어 monitoring 효과가 향상될 수 있다.
③ 자신의 의사결정이 합의된 결과에 포함되어 자신도 모르게 스스로 약속한 것을 수행하려는 책임을 느끼게 만든다.
④ 의견개진으로 부분적으로 수용되고 상대방의 양보를 얻어낸 합의 결과에 대하여 상당한 만족감을 얻게 되어 업무에 대한 특별한 관심과 자발적인 수행의 튼튼한 바탕이 된다.

브리핑은 결국 해당업무(항해당직, 항해계획, 갑판작업 등)에 대한 컨셉을 공유하고 팀원들은 업무의 목적, 절차 및 진행방향에 대해 인지가 되므로 사명감과 책임감이 극대화 되고 최종적으로는 자발적인 업무 수행을 가능하게 해주는 매우 효과가 뛰어난 의사소통의 기법이다. 그러나 대부분의 선박에서는 시간의 촉박, 전 승무원 소집 등의 이유로 잘 이행이 되지 않는 경향이 있으며, 이를 방지하기 위해서는 업무 내에 반드시 진행해야하는 하나의 프로세스로 절차화 하는 것이 중요하다.

디브리핑은 한마디로 정리하자면 향후 업무에 대한 개선이 그 목적이다. 선박에서의 교육, 훈련 중 가장 현실적이고 효과적인 형태로도 볼 수 있다. 업무 수행 후 디브리핑을 통한 경험은 어떠한 교육과정보다 우수한 결과를 도출할 수 있을 것이다.

(2) 브리핑 가이드라인

① Make time / 시간을 마련하라
② Open & friendly / 개방적이고 친절하게 하라
③ Who should run / 누가 하는가 (적절한 위임을 하라)
④ Interactive / 대화식으로 진행하라
⑤ Define responsibilities / 책임을 지정하라
⑥ Closed loop / 문답식으로 하라
⑧ Keep on course / 주제를 유지하라
⑨ Any more questions? / 의문이 있는가

(3) 디브리핑 가이드라인

① As soon as possible / 가능한 한 곧바로

② Yourself first / 자신부터 먼저

③ Positive & negative-learning experience / 긍정적 & 부정적인 경험학습

④ Whole team / 팀 전원

⑤ Interesting / 흥미있게

⑥ Make plans based on the Debriefing / Feedback 근거하여 다음을 계획

[분임 토의]

> 1. 선박에서 의사소통의 불량으로 상/하급자와 곤란을 겪었던 예를 알아봅시다.
> 2. 선내에서 상급자가 하급자의 이야기를 경청하지 않는 이유를 논의해 봅시다.
> 3. 현장에서 업무 시작 전 브리핑 사용실태를 발표해 봅시다.
> 4. 혼승 선박의 의사소통 불량 사례를 개선할 수 있는 방안을 논의해 봅시다.
> 5. 당직 중 긴급한 상황 시 의사소통 불량 사례를 발표해 봅시다.
> 6. 선내의 좋은 의사소통을 위해 어떤 노력이 필요한 지에 대해 토론해 봅시다.

3) 해상에서 통상적으로 사용되는 의사소통 형태

① 표준해사통신용어 (SMCP: Standard Maritime Communication Phrases)

② 음향신호

③ 조난신호

④ 비상신호

4) 내/외부 의사소통

(1) 의사소통 흐름의 유형

의사소통의 흐름방향에 따라 하향식 의사소통(Downward Communication), 상향식 의사소통(Upward Communication)과 교차 의사소통(Crosswise Communication) 방식이 있다.

일방향 의사소통은 쌍방향 의사소통보다 속도가 빠르나, 쌍방향 의사소통이 보다 정확하다.

(2) 내부 의사소통 사례

① 선내 회의
② 토론
③ 개별면담
④ 업무수행 지도
⑤ 브리핑, 디브리핑, TBM(Tool Box Meeting)

(3) 외부 의사소통 사례

① VTS와의 의사소통
② 타 선박과의 의사소통
③ 도선사와 의사소통
④ 연료 수급 시 의사소통
⑤ 육상 정비업체와 의사소통
⑥ 관리부서(영업, 인사, 품질, 정비)와의 의사소통

육상과의 의사소통 대부분은 문서에 의존하고 있으며, 문서의 작성 송부로 선박은 그 지침에
따르고 있을 것이라는 착각을 육상부서들은 하고 있을 가능성이 있다.

5) 육상 직원과의 의사소통과 선상의 의사소통의 차이

① 효율성과 안전성에 대한 차이가 크다.
② 매우 바쁜 항만에서 간결함과 신속성이 요구된다.
③ 언어의 어려움이 많다.
④ 항만문제가 지배적이다.
⑤ 요구사항이 많다.
⑥ 선상자원에 대한 한계를 육상직원들은 간과하기 쉽다.
⑦ 육상직원들은 절차와 문서에 의존한다.

6) 효과적인 의사소통과 대화의 자세

〈표 6-1〉 의사소통의 개선방법

종 류	내 용
사후검토 (following-up)	오해를 받고 있다는 전제하에 가능하면 언제나 의도된 바가 실제로 전달되었는지를 알아보기 위하여 노력하는 기법
정보전달을 정규화 (regulating information flow)	관리자가 의사소통의 과다에서 오는 장벽을 제거할 수 있음
피드백 활용 (utilizing feedback)	의사전달자가 보낸 메시지를 수신자가 받았는지 그리고 의도대로의 반응이 나타났는지를 알려주는 수신자반응의 인지채널
감정이입 (empathy)	자신을 다른 사람의 역할에 두고 그 사람의 관점과 감정을 가정해 보는 능력
반복 (repetition)	의사소통에서의 반복과 중복은 의사소통의 일부분이 이해되지 않았을 경우, 다른 부분이 똑같은 의미를 전달해 주는 것을 말함
상호신뢰의 확립 (encouraging mutual trust)	신뢰적인 분위기가 의사소통에서 발생하게 되는 많은 어려움을 극복할 수 있도록 해 주기 때문임
언어의 단순화 (simplifying language)	복잡한 언어의 사용은 의사소통의 중요한 장애 요인 중의 하나로 지적됨
효과적인 청취 (effective listening)	다른 사람으로 하여금 진정한 느낌과 바램 그리고 감정을 표현하도록 만드는 것은 적극적 청취임

7) 훌륭한 의사소통 분위기를 조성하기 위해 필요한 사항

효과적이고 설득력 있는 의사소통의 구체적인 기법을 배우기 전에 우선 이런 기법의 바탕이 되는 단단한 토대를 마련해야 한다. 이것은 대화하는 내내 필요한 것이 아니라 중요한 것을 말하고 또 그것을 명확하게 이해하고 느끼며 긍정적으로 반응하기를 바랄 때에만 필요하다는 것을 깨달아야 한다. 이와 같은 의사소통의 토대는 그림의 4가지 토대로 구성된다.

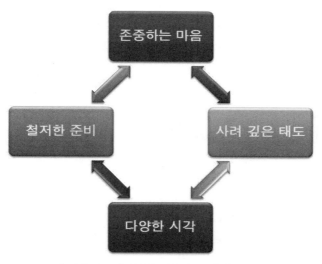

[그림 6-7] 의사소통의 4가지 토대

2. 우선순위 결정

2.1 우선순위 개념

Model Course 요건 : 우선순위의 의미를 이해한다.

1) 우선순위의 의미

우선순위(Priority)는 자원배분의 과정에 있어서 여러 정책목표 중 필요성, 중요성, 긴급성 등 여러 기준에 따라 먼저 채택되는 순서 또는 중요도를 의미한다.

2) 일상생활 vs 선박

[그림 6-8] 일상생활 vs 선박

2.2 우선순위 결정의 중요성

Model Course 요건 : 우선순위의 결정에 따른 시간 관리의 장점을 이해한다.

1) 우선순위 결정의 중요성

업무의 우선순위를 결정하여 일을 함으로써 시간적 자원의 제약을 해결할 수 있을 뿐만 아니라 선택과 집중에 의해 효율을 높일 수 있다. 일의 우선순위를 정하면 조직 구성원들 간에 있을 수 있는 혼선도 예방할 수 있다.

2) 우선순위 결정법

(1) 파레토 법칙(Pareto's principle)

중요하고 긴급한 일의 20%가 효율의 80%를 차지한다.

파레토 법칙은 흔히 20:80의 법칙으로 알려져 있다. 약 100년 전에 이탈리아 경제학자인 빌프레도 파레토(Vilfredo Pareto, 1848~1923)가 처음 발견한 법칙으로 그 이후 파레토의 법칙, 파레토의 원리, 20:80 규칙, 최소 노력의 원칙, 불균형의 원리 등으로 불리고 있다. 그 후 하버드 대학의 언어학자인 조지 K. 집프(George K. Zip)박사가 1949년 최소 노력의 법칙(Principle of Least Effort)을 발표하여 파레토 법칙을 더욱 심화시켰다고 한다.

이러한 파레토 법칙이 20:80법칙으로 불리게 된 것은 노력, 투입량 등의 작은 원인(20%)이 대부분의 성과, 산출량 및 결과(80%)를 이루어 낸다는 것이다. 간단히 말한다면 20%의 노력만 들이고도 80%의 결과를 낸다는 것이지요. 그렇다면 나머지 20%의 결과를 위해 들어가게 되는 노력의 양은 어느 정도의 비율일까? 바로 앞서 노력인 20%를 제외한 80%의 노력이라고 할 수 있다. 이를 그림으로 구성해보면 다음과 같다.

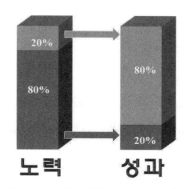

[그림 6-9] 파레토 20:80 법칙

이러한 파레토 법칙을 업무에 적용해보면 아무리 업무량이 많아도 성과가 쉽게 나지 않는 것... 경험해 보셨나요? 바로 성과를 올리기 위한 핵심적인 노력 20%를 찾아내는 것이 바로 효율적인 업무방법이라고 할 수 있다.

20%의 노력으로 80%의 성과를 얻는 것. 그것이 바로 효율적인 업무인 것이다.

여기서 필요한 것은 첫째 'Self Awareness(자기인식)'과 'Situational Awareness(상황판단)'이고, 둘째는 적절한 우선순위를 정하는 것이다.

(2) 시간관리 매트릭스

업무의 중요성과 긴급성 두 가지 요소를 바탕으로 4개 영역으로 나누어 일의 우선순위를 결정하는 것으로 아래의 그림과 같다.

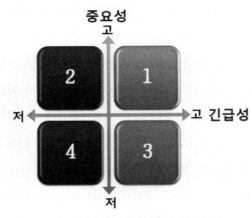

[그림 6-10] 시간관리 매트릭스

(3) 우선순위의 결정에 의한 효과적인 업무수행

① 합리적 판단을 통한 현실적 계획 수립
② 우선순위에서의 차선의 일은 희생도 감수
③ 일반적으로 시간관리 매트릭스에서 1-2-3-4 순으로 일을 처리
④ 1의 상황에서는 리더가 직접 해결하거나 위임을 통해 일을 처리
   (시간적 여유가 없더라도 연기 불가)
⑤ 2의 상황에서는 리더라면 긴급한 일도 처리해야 하지만 중요한 일에도 몰두해야 하므로
   팀이 나아갈 큰 그림을 그리는 것은 긴급하지는 않지만 중요한 일이므로 많은 시간을 할
   애해야 함
⑥ 3의 상황에서는 리더가 꼭 챙겨야 하는 업무를 제외하고는 대부분 부하 직원에게 위임하
   는 것이 바람직함
⑦ 위임 가능한 업무에 대해서는 적임자 지정을 통한 위임이 필요

(4) 우선순위의 결정에 따른 시간 관리의 장점

① 시간을 낭비하지 않고 효율적으로 이용할 수 있음
② 해야 할 일에 대한 준비를 더 잘할 수 있음
③ 서두르지 않아도 되고 이에 따라 스트레스도 줄어듦
④ 업무에 집중 가능하여 노력의 성과가 더욱 향상됨
⑤ 자신이 수행한 일에 대한 자존감과 만족감이 커짐
⑥ 목표의식, 추진력 및 자신감이 생김
⑦ 자발적 업무 수행, 책임감 및 리더십이 향상됨
⑧ 점차 더 어려운 일을 처리할 수 있는 능력이 생김

(5) 시간을 창조하는 효과적인 업무 위임법

① 위임 받을 적임자를 찾아라.
② 합리적으로 모니터링을 하라.
　 적절한 모니터링은 4개(Measuring, Evaluation, Correction, Commendation), 핵심 포인
　 트를 참고하여 수행하면 도움이 될 것이다.
③ 위임 작업을 평가하라.

3. 자원의 배정

3.1 자원의 배정 및 지정(Allocation & Assignment of Resources)

Model Course 요건 : 선박에서 관리되어야 할 자원들을 이해한다.

1) 인적, 재정적 및 조직적 자원으로 구분

쉽게 구분해 보면 사람, 돈, 시간 그리고 장비를 의미한다. 따라서 선박에서는 대부분 인적 자원을 시간과 상황(주어진 여건 포함)에 따라 최상의 집중을 할 수 있도록 활용하여야 하며 특히, MLC 2006에 의거 선원들의 피로와 스트레스를 관리할 수 있도록 해야 한다.

결론적으로 인명안전, 환경보호 및 선박안전을 위하여 Crew, Navigation equipment, 시간 등의 자원들의 적절한 활용이 될 수 있도록 노력해야 하며 특히, 승무원의 경우 선박안전을 최 우선으로 한다는 전제조건하에 육체적, 생리적, 심리적인 상태를 잘 관찰하여 스트레스와 피로 를 관리하고 법규에 어긋나지 않게 기록 관리하는 것이 필수적이다.

2) 인적자원의 평가 요소

선원들의 경험, 전문적 기술이나 지식, 자세, 피로, 팀 기술 등이 있다.

[분임 토의]

1. 선박승무원 임무지정의 이점을 설명해보자.
2. 입출항 시 또는 특별한 업무수행 시 역할지정의 사례를 설명해보자.

3.2 자원의 관리

Model Course 요건 : 자원들이 어떻게 관리되어야 하는지를 이해한다.

1) 목적

자원관리의 목적은 인적자원의 피로와 스트레스를 관리하여 처한 시간과 상황에 따라 이들 이 최상의 집중을 하여 최대의 업무성과를 달성하는데 있다. 과도한 업무량과 적은 업무량은

각각 위험이 있으므로 제도적으로 업무를 분석, 계획, 위임 또는 작업의 순환 배치 등과 같은
방법들을 사용하여 업무에 수반되는 불확실성과 위험성들을 회피할 필요가 있다.

2) 방법

① 작업별 업무량의 전체 범위를 이해
② 사전계획의 중요성을 인지
③ 위험성 평가를 시행하여 절차를 개선
④ 평가 또는 디브리핑을 통하여 개선점을 다음 계획에 반영
⑤ 직무순환
⑥ 위임

3) 위임 시 점검 내용

[그림 6-11] 위임 시 점검 내용

4) 위임 전 대상자 점검 Point

[그림 6-12] 위임 대상자 점검

3.3 선상 자원들의 배분, 지정과 우선순위

Model Course 요건 : 선상 자원들의 배분, 지정, 우선순위를 이해한다.

1) 선박 인적자원 특성

① 해기사의 수급이 제한적이며 부서 간 직무변경은 불가능하다. 또한 가족 문제와 육상에 대한 상대적 박탈감으로 전직 비율이 높다.

② 외국 해기사들의 고용이 증가하고 있다.

③ 해기사들의 자발적 능력 개선을 위한 경쟁력 요소가 소멸되어 전반적인 질적 저하가 지속되고 있다.

④ 많은 규정에 대한 대처와 이와 관련된 각종 검사/심사 등으로 인한 업무량 증가환경에 직면하고 있다.

2) 업무 배치 시 유의사항

① 법적 구비서류(증서, 자격/경력증명 등) 확인
② 업무절차 숙지도 검증
③ 직무이행 숙지도 검증
④ MLC 2006에 따른 휴식시간 준수
⑤ 업무능력 한계 고려
⑥ 언어 소통능력 고려

3) 선상 자원 배정과 업무 우선순위

선상자원은 승무원, 항해장비, 시간 등이 대상이 되며, 업무 배정 계획단계에서 식별되어야 할 내용은 다음과 같다.

① 안전측면 : 인명 〉 선박 〉 환경 〉 화물관련
② 업무측면 : 실수가 발생했을 경우 사고로 직결되는 중대업무 중에서 사고 시 피해의 심각성이 큰 것을 우선으로 하여야 한다.

[분임 토의]

1. 해상의 선박에서 관리되어야 할 자원들을 설명하시오.
2. 자원들의 사용이 어떻게 관리되어야 하는지를 서술하시오.
3. 선상 자원들의 배분, 지정과 우선순위의 사례들을 제시하시오.

4. 작업성과 평가

Model Course 요건 : 작업성과 평가가 어떻게 이루어지는지를 이해한다.

4.1 주요 내용

1) 행동방침

(1) 성과평가 목적을 상기한다.
(2) 성과평가 절차와 방법을 익힌다.
(3) 성과평가 시 오류문제를 최소화한다.
(4) 성과평가의 성공을 위하여 공정한 문화와 풍토를 조성한다.
(5) 성과평가 시 선입견을 배제하고 업무에 초점을 둔다.
(6) 성과평가 결과를 면담을 통하여 Feedback한다.

2) 평가절차

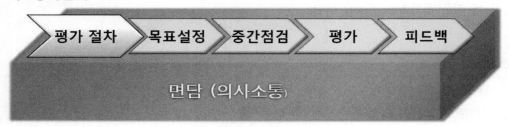

[그림 6-13] 평가 절차

구성원 혹은 집단의 업무 수행결과를 객관적인 평가지표에 의해 측정, 평가하고 이를 다시 구성원들에게 피드백시킴으로써 구성원이나 집단이 수행한 결과가 조직에 어떻게 기여하였는지를 인지시키는 과정으로서 성과평가의 목적은 구성원들의 성과향상을 위한 방향을 제시하여 조직전략을 효율적으로 달성하기 위한 전략적 목적과 임금, 승진, 해고, 직무배치 등의 관리적 목적, 그리고 구성원 스스로가 필요한 직무능력이 무엇인지를 파악할 수 있는 개발의 목적으로 설명될 수 있다.

4.2 효과적인 작업성과 평가의 장점

Model Course 요건 : 작업성과 평가의 장점을 이해한다.

1) 성과의 결정요인

[그림 6-14] 성과의 결정 공식

2) 잠재적인 장점(Potential Benefits)

[그림 6-15] 성과평가의 잠재적 장점

공식 PA(Performance Assessment)를 수행하는 조직성과 관리에는 많은 잠재적인 장점들이 있다. PA가 조직을 긍정적인 영향으로 유도한다는 믿음에 일반적인 공감대가 있다. 더군다나, PA는 조직의 효율성에 도움이 된다. PA는 자주 피고용인들의 작업성과에 관하여 개별적인 Feedback을 줄 수 있다. 이것은 개별 피고용인들이 더 생산적이 되는 것과 같은 여러 가지 잠재적인 장점을 만들 수도 있다.

3) 기타 잠재적인 장점(Other Potential Benefits)

(1) 의사소통의 용이(Facilitation of Communication)

조직에서 의사소통은 작업자 동기부여의 필수적인 기능으로 생각된다. PA로부터의 피드백은 불확실성에 대한 피고용인들의 불안을 최소화 한다. 근본적으로 피드백을 통한 관리자와 피고

고용인과의 의사소통은 업무성과 지침으로 작용할 수 있다

(2) 신뢰 증진을 통한 피고용인의 집중력 향상
(Enhancement of employee focus through promoting trust)

피고용인들의 일로부터 이들을 산만하게 하는 행동, 생각, 또는 문제들, 신뢰문제는 이들 산만요소들 중에 있을 수도 있다. 심리적인 에너지를 소모하는 그러한 요소들은 작업성과를 나쁘게 하고 피고용인들이 조직의 목표를 놓치게 하는 원인이다. 적절히 구축되고 유용한 PA는 조직 내의 산만요소들을 적게 하고 신뢰를 고양시키는 능력을 갖는다.

(3) 목표 설정과 희망하는 성과 강화
(Goal setting and desired performance reinforcement)

개인의 목적과 성과를 조직의 그것에 일치시키는 것이 중요하다. PA는 이들 개인들과 조직 목표의 협력 논의를 위한 여지를 제공한다. 협력은 또한 평가 결과에 대하여 피고용인들이 수용하고 만족하는 결과로 역시 장점이 될 수 있다.

(4) 성과 개선(Performance Improvement)

잘 구축된 PA는 피고용인들의 작업성과가 조직의 기대와 어떻게 일치하는가에 관하여 이들과 의사소통을 위한 귀중한 도구가 될 수 있다. 조직 수준에서, 여러 가지 연구들은 개인과 조직 수준 양자의 성과 개선 사이에 긍정적인 관계를 말하고 있다.

(5) 훈련 필요성 결정(Determination of training needs)

피고용인의 훈련은 조직이 전략적인 조치들을 성취하는 데 중요한 요소이다. PA가 진실로 효과적이기 위해서 평가로 결정되는 것처럼 문제 영역들에서 훈련과 계발을 위한 평가 기회들이 제공되어야 한다고 주장되고 있다. PA는 특히 신규 피고용인의 훈련 필요를 식별하는 수단이 될 수 있다. 마지막으로, PA는 피고용인의 목표 수립과 관리를 도울 수 있다.

4) 평가제도 정착을 위한 관리자 역할

[그림 6-16] 관리자의 역할

[분임 토의]

1. 업무성과에 영향을 미치는 요소들은 무엇입니까?
2. 업무성과 평가의 기준은 무엇입니까?
3. 업무성과 평가의 목적과 효용성을 열거하시오.
4. 공정/합리적 평가제도를 정착시키기 위한 리더의 역할을 이야기해 봅시다.
5. 현장의 업무성과 평가 사례를 공유해 봅시다.
6. 업무성과 평가 결과를 언제 대상자에게 Feedback 해야 하는가?
7. PA 정착을 위한 문화는 어떤 것이어야 하는가?

5. 장·단기 전략

5.1 단기전략

Model Course 요건 : 효과적인 선상 자원관리에서 단기전략의 역할을 이해한다.

1) 행동방침

(1) 문제식별을 한다.

(2) 계획작성에 팀원을 참여시킨다.

(3) Interactive Briefing에 의해 팀원 모두 계획을 점검한다.

(4) 상호 합의한 Plan을 수행한다.

(5) 팀원을 상호 Monitoring 한다.

2) 효과적인 선상 자원관리에서 STS(Short Term Strategy)의 장점

(1) Better plans (더 나은 계획)

　① 더 많은 대안을 더 빨리 발견한다.

　② 문제의 본질을 파악하는 것이 빨라진다.

　③ 팀워크를 통해 위험 부분을 감소시킨다.

(2) 의사결정을 더 쉽게 하고 더 나은 조치사항을 얻는다.

(3) 시간이 덜 필요하다.

(4) SOP(Standard Operation Procedure, 표준절차)의 확실한 사용 독려

(5) 팀원의 계획 숙지는 효과적인 Monitoring을 할 수 있게 한다.

(6) 팀원에게 일할 동기(책임감과 만족감)를 준다.

3) STS의 절차

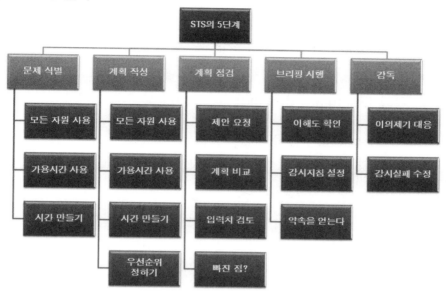

[그림 6-17] 단기전략 5단계

(1) 문제식별 (Identify the problem)

① Use all resources : 모든 자원의 사용

② Use time available : 가용시간의 사용

③ Make time : 시간 만들기

(2) 계획작성 (Build the plans)

① Use all resources : 모든 자원의 사용

② Use time available : 가용시간의 사용

③ Make time : 시간 만들기

④ Set priorities : 우선순위 정하기

(3) 계획점검 (Check the plans)

① Ask for suggestion : 제안의 요청

② Compare plans : 계획 비교

③ Consider inputs : 입력치 검토

④ Anything missing? : 빠진 점이 있는가?

(4) 브리핑 시행 (Summary Briefing)

① Check understanding : 이해도 확인

② Set monitoring guidelines : 감시 지침 설정

③ Gain commitment : 약속을 얻는다.

(5) 감독 (Monitor)

① Respond to challenges : 이의제기에 대응

② Correct failure to monitor : 감시 실패를 수정

5.2 대응 방안

Model Course 요건 : 단기전략을 위한 팀 분위기 조성방법을 이해한다.

1) 단기전략을 위한 선교 팀 독려방법

(1) 상호 조심

(2) 상호 격려

(3) 상호 협력

(4) 좋은 분위기 조장

(5) 상호 작업환경 이해

(6) 우리의 한계 이해

(7) 상호 존중

2) 단기전략 사용의 적절한 시기

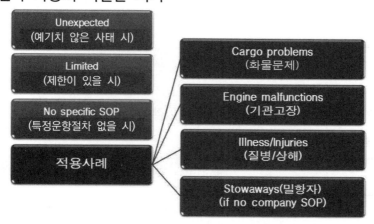

[그림 6-18] 단기전략의 적절한 사용시기

5.3 장기전략

Model Course 요건 : 효과적인 선상 자원관리에서 장기전략의 역할을 이해한다.

장기전략이란 정상적인 상황에서 주어진 목표를 수행하기 위해 장기간 또는 항차단위로 계획하고 행동방침을 선택하여 한정된 자원들을 배치하는 것으로 정의할 수 있다.

목표, 행동방침, 직무 범위가 명확히 정해짐으로써 팀원과 조직의 업무성과를 최상으로 높일 수 있다. 반복되는 업무를 수행하는 선박 특성과 중요도에 대한 우선순위도 없이 진행되고 있는 각종 검사들로 인하여 승무원들이 방향을 잃을 가능성이 충분히 있다. 따라서, 장기전략에 대한 목표를 팀원들이 명확히 인식하는 것이야 말로 일의 우선순위는 물론 궁극적으로 선박의 안전을 확보하는 지름길이다.

[분임 토의]

1. 좌초 시, 충돌 시, 기관실 화재 시 단기전략을 수립해 봅시다.
2. 입·출항 중 Black-out시 단기전략을 수립해 봅시다.
3. 항해 중 인명사고 발생시 단기전략을 수립해 봅시다.
4. 선박의 최종 목표를 장기 전략과 대비해 봅시다.
5. 업무와 개인별 인생 최고의 목표는 관계가 있는가?
6. 계획, 전술, 전략에 대하여 구분해 봅시다.
7. STS의 효용성을 살펴봅시다.

정리 평가 및 태도 변화

평가

- 평가자는 평가 내용에 제시되어 있는 내용을 성공적으로 수행할 수 있는지를 평가해야 한다.
- 평가자는 다음 사항을 평가해야 한다.

학습 내용	평가 항목	성취수준		
		상	중	하
효율적 의사소통	- 효율적 의사소통을 위한 Speak up policy에 대해 이해하고 선박에 적용할 수 있다.			
	- 의사소통의 구성요소와 장애요인들을 파악할 수 있다.			
	- 브리핑과 디브리핑의 목적과 가이드라인을 이해하고 선박에 적용할 수 있다.			
자원배정과 우선순위 결정	- 자원 배정 및 지정에 대한 개념을 파악할 수 있다.			
	- 우선순위의 중요성과 결정에 대해 파악하고 선박에 적용할 수 있다.			
작업성과평가	- 성과평가의 개념을 이해하고 선박에 적용할 수 있다.			
장·단기 전략	- 단기전략의 필요성과 그 효과를 파악할 수 있다.			
	- 단기전략의 절차를 이해하고 수립할 수 있다.			

태도 변화

- 지금까지의 학습내용을 정리하면서 나의 변화를 위한 내용들을 정리해 봅시다.

새로 할 것 / 개선해야 할 것	버려야 할 것 / 줄여야 할 것

10년이 지나도 변함없는 진리로 통하는 설득의 원칙!
사람의 마음을 사로잡는 6가지 불변의 원칙!

사람을 만나기 전에 꼭 읽어야 할 책!

이 책은 과학적 근거와 명확한 논리를 바탕으로 사람들 간의 관계에서 벌어지는 복잡한 상황과 영향을 쉽고 재미있게 풀어 헤치면서 실제적이고 유용한 방법들을 제시한다.

★ 설득의 법칙 1 - 상호성의 법칙
★ 설득의 법칙 2 - 일관성의 법칙
★ 설득의 법칙 3 - 사회적 증거의 법칙
★ 설득의 법칙 4 - 호감의 법칙
★ 설득의 법칙 5 - 권위의 법칙
★ 설득의 법칙 6 - 희귀성의 법칙

제7장 의사결정에 적용할 지식과 능력

<table>
<tr>
<td rowspan="9">학습 목표</td>
<td>상황인식의 중요성을 잘 인식하고 실패요인을 설명할 수 있다.</td>
</tr>
<tr><td>위험성 평가를 이해하여 선박에서 실천하고 설명할 수 있다.</td></tr>
<tr><td>성과의 평가를 집행하고 설명할 수 있다.</td></tr>
<tr><td>의사결정의 기술을 습득하여 선박에서 실천하고 설명할 수 있다.</td></tr>
<tr><td>권위와 자기주장이 무엇인지 이해하고 설명할 수 있다.</td></tr>
<tr><td>판단의 중요성과 결과에 어떤 영향을 미치는지 설명할 수 있다.</td></tr>
<tr><td>비상상황 하에서 승무원과 승객들의 관리 전략을 설명할 수 있다.</td></tr>
<tr><td>군중심리를 파악하고 비상 시 5원칙을 이해하여 설명할 수 있다.</td></tr>
</table>

<table>
<tr>
<td>재료 · 자료</td>
<td>IMO 모델코스
의사결정 기술 서적</td>
</tr>
</table>

1. 위험성 평가

1.1 상황인식(Situational awareness)

> Model Course 요건 : 상황인식이 어떻게 취약할 수 있는지 이해한다.

1) 개요

상황인식(Situational awareness, 이하 'SA')은 "특정시간 및 공간 안에서의 환경요소를 인식하고 그것의 의미를 이해하고 가까운 미래의 상태를 예측하는 것"이라고 정의한다. 상황인식의 실패는 인적과실과 관련된 중요한 사고들의 최대 원인이 된다. 미국의 연구에 의하면 모든 사고의 경우에서 상황인식의 실패가 사고의 원인인 경우가 60% 이상으로 나타나고 있다. 항해와 관련된 중요한 사고는 충돌 또는 좌초이며, 이러한 사고의 원인 중 하나는 잘못된 규칙의 해석, 승인된 계획으로부터의 오차, 기술적 및 시스템적 고장이다. 상황인식의 실제 적용사례 연구는 SA가 항해계획, 규칙 및 장비고장과 어떻게 연결되어 있으며 선박 구성원들에게 상황인식의 사고방지를 위한 중요성을 좀 더 이해하는데 도움을 준다.

또한 불확실성, 애매모호, 복잡함 등은 우리 세상의 정상적인 특성이다. 이 세상은 또한 막대한 양의 정보로 채워진다. 우리의 오감이 우리와 세상을 연결하는 동안 우리가 집중해야 하는 정보의 선택과 우리가 사용하는 감각은 주로 뇌에서 일어난다.

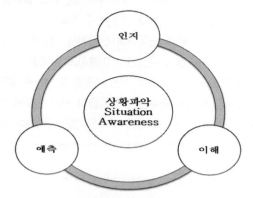

[그림 7-1] 상황파악(SA)의 단계

상황인식은 역동적이며, 유지하기는 어렵고 잃기는 쉽다. 무엇이 일어나고 있는가를 아는 것은 누구에게나 매우 어려우며, 매우 복잡하고 스트레스가 많은 작업을 하는 동안에는 특히 그렇다. 따라서 어떠한 행동이 상황인식을 유지하는데 효과적인지를 아는 것은 매우 중요하다. 다음 행동들은 상황인식에 도움이 된다.

○ 표준절차의 위반에 대해서는 경고
○ 다른 팀원의 성과에서 변화를 주시
○ 능동적이고 사전에 정보 제공
○ 시의적절한 방법으로 문제 식별
○ 주위에 무엇이 일어나고 있는지를 당신이 인식하고 있다는 것을 보임
○ 효과적으로 의사소통
○ 임무상태의 파악 유지
○ 상황의 지속적인 평가 및 재평가
○ 전 팀원이 모든 기대를 완전히 인식하고 있다는 것을 확인

2) Endsley 상황인식 모델

(1) Perception (Level 1) : 인지

SA 성취 첫 단계는 주위에서 상태, 특성, 해당 요소들의 역할을 인지하는 것이다. 그러므로 SA의 가장 기본적인 수준인 Level 1은 감시 과정, 증거 탐색, 간단한 인식 등을 포함하는데, 이것들은 다수의 상황적 요소(대상, 사건, 사람, 시스템, 환경적 요소들)와 그들의 현재 상태(위치, 상태, 형태, 행위)의 자각을 이끈다.

- 상황인식 Level 1의 실패 요소
  - 가장 관련이 있는 정보의 습득이 불가능하거나 모호하다(간혹 인적요인의 개입이 이러한 문제를 해결할 수도 있다).
  - 제공된 자료가 너무 상세하다(과잉정보로부터 유용한 정보를 발췌해야 한다).
  - 사용자가 무엇이 관련이 있는 것인지 모름
  - 부주의 및 업무 과잉

(2) Comprehension (Level 2) : 이해

SA 형성의 다음 단계는 패턴 인식, 해석, 평가 과정을 통하여 무질서한 Level 1 요소들의 합성을 포함한다. Level 2는 그것이 개인의 목적과 목표에 어떻게 충격을 줄 것인지를 이해하기 위해 이 정보들의 통합을 요구한다. Level 2는 세상 또는 개인에게 관계되는 세상의 부분에 대한 포괄적인 그림을 개발하는 것을 포함한다.

- 상황인식 Level 2의 실패 요소
  - 이미 알고 있는 정보의 틀에 일치하는 정보의 인지 불가(다양한 정보 줄기와 이미 알고 있는 지식의 틀과의 연관성을 알고 있어야 함)
  - 관련지식의 부족
  - 경험의 부족
  - 부주의 및 업무 과잉

(3) Projection (Level 3) : 예측

SA의 가장 고수준은 환경에서 이러한 요소들의 장래 행위들을 투사할 능력을 포함한다. Level 3는 요소들의 상태와 역할에 대한 지식, 그 상황의 이해(Levels 1 and 2), 그리고 이것이 장래의 운항 환경 상태에 어떻게 영향을 미칠 것인가를 결정하기 위해 미리 이 정보들을 추정하는 것을 통하여 성취된다.

- ■ 상황인식 Level 3의 실패 요소
  - 사전지식의 완벽하지 못한 이해
  - 완전한 지식의 부족 및 한계(정보의 추출 한계가 정확하지 않는 애매한 해석을 야기할 수 있음, 정보의 추출 잘못)
  - 제한적인 경험
  - 부주의 및 업무 과잉

3) 상황인식의 중요한 특징

상황인식은 타고난 고유의 능력이 아니고 학습을 통해 얻을 수 있는 능력이다. 이러한 상황인식은 모든 산업분야 각각의 영역에서 얻어질 수 있다. 우리는 살아오면서 이러한 부분에 대한 상황인식을 이미 가지고 있다. 가장 보편적인 예로 자동차 운전이 있다. 자동차 운전을 하는 동안 우리는 차선, 속도, 내 주위의 차량, 횡단보도의 사람 등 다양한 상황에 대한 인식을 하게 된다. 그러나 이러한 상황인식은 사람마다 그 정도가 다를 수 있음도 알고 있어야 한다. 예를 들어 어떤 자동차 운전자는 사고를 자주 내는 사람이 있고, 어떤 운전자는 5년, 10년 무사고로 운전을 하는 사람도 있다. 이는 개인적인 성향, 학습능력, 공간지각 능력, 적절하게 빠른 판단력 등 다양한 요인에 의해서 달라진다. 더불어 운전에 대한 경험 및 나름 몸에 익은 전문적인 지식을 가진 사람과 그러한 경험이 없는 사람들의 상황인식도 또한 다를 수밖에 없다. 상황인식은 우리의 예측을 지원하는 역할을 하며, 또한 사건이 일어나는 동안 필요한 절차의 변경도 지원하는 역할을 할 수 있다.

4) 상황인식의 유지

상황인식의 유지는 효과적인 의사소통과 다음 활동의 조합을 통해 일어난다. 이는 지속적이고 효과적인 상황인식을 할 수 있도록 주어진 상황을 긍정적으로 디자인할 수 있는 방법이다.

○ 팀이 표준절차에서 벗어날 때 이를 인식하고 다른 사람에게 주의를 줌
○ 다른 팀원의 성과를 감시
○ 사전에 정보 제공
○ 잠재적이거나 현실적인 문제를 식별(장비 관련 또는 운용 관련)
○ 작업성과의 인식을 설명
○ 필요에 따라 취해야 할 일련의 행동에 대해 의사소통
○ 현행 임무상황을 설명
○ 임무 목표 관련한 상황을 지속적으로 평가 및 재평가
○ 모든 팀원의 의심을 제거할 수 있도록 기대의 명확화

(1) Situational awareness는 Perception, Comprehension, Projection의 과정을 거치는 상황판단을 통해서 획득되는 결과이다. 따라서 다음의 경우 상황인식의 부족으로 나타날 수 있다.
① 기준이 없는 경우
② 기준이 설정되지 않은 경우
③ 목표가 공유되지 않은 경우
④ 계획 실행의 검증이 되지 않은 경우
⑤ 지속적인 쌍방향 소통이 없는 경우
⑥ 이의제기 등이 부족한 경우

(2) Modern Electronic Aids(최신 자동화기기)에 대한 과신 사례를 들 수 있다.
① 과신으로 인해 Cross-check를 하지 않을 경우
② 기본적인 해기지식의 감소
③ 사용법의 미숙지로 올바른 설정, 적정한 선택, 적시 활용 등을 하지 못함

(3) 타인들의 정보 획득을 통한 상황인지
타인들의 정보를 가장 효과적으로 획득하는 방법은 면담이다. 면담을 효과적이고 공정

하게 수행하려면,

① Stop talking / 말하지 마라

② Put the witness at ease / 목격자를 편하게 하라

③ Show that you want to listen / 듣기 원한다는 것을 보여라

④ Remove distractions / 산만함을 피하라

⑤ Empathize / 감정을 이입하라

⑥ Be patient / 인내하라

⑦ Hold your temper / 성질을 내지 마라

⑧ Avoid argument and criticism / 논쟁과 비판을 피하라

⑨ Try and make your question flow responsive to his priorities / 상대방의 우선순위에 따라 질문하라

(4) 피로감과 상항인식 간의 위험한 연관 관계

① 감소된 주의력과 경계감 : 사람들은 사물을 알아차리는 것이 더 늦고 덜 주의하게 된다. 이들은 특히 단조로운 작업 또는 지루한 환경에서 징후 또는 중요성을 감지하는 것에 실패할 수도 있다. 지속적인 주의력과 감시를 요구하는 작업들은 피로에 의해 특별히 영향을 받는다.

② 의사소통 어려움 : 말할 필요가 있는 것, 어떻게 말해야 하는가 또는 또 다른 무엇을 말해야 하는가를 결정하기가 점차 어렵게 된다.

③ 집중력 부족 : 잠깐일지라도 일에 집중력을 유지하는 것이 어렵다. 사람들은 복잡한 지시들 또는 수치계산을 따라 갈 수 없고 쉽게 혼동된다.

④ 생략과 부주의 : 점점 단계를 뛰어 넘고, 확인을 하지 않고, 실수를 한다.

⑤ 늦은 이해와 학습 : 어떠한 문서, 구두 정보 또는 해도 같은 표시형태를 이해하는 것에 시간이 더 걸린다.

⑥ 늦은 정보처리 : 자료를 변환하거나 해독되는 것에 점점 더 오래 걸리고 이것을 하는 것에 실수가 있다.

⑦ 착각 : 극한 피로와 낮은 자극은 사람들이 매우 현실적이지만 착각을 일으키게 한다.

⑧ 혼란된 생각 : 추리는 느리고 혼란되며, 비이성적인 사고, 빈약한 논리와 망상 등으로 악화된다.

⑨ 결함 있는 기억 : 최근 사건 또는 지시들의 회상이 문제가 있게 된다. 예를 들어, 무선 내용이 즉시 잊혀 지거나 또는 부정확하게 회상될 수도 있다.

⑩ 업무 복잡성 : 복잡하고 지루한 업무들은 더 간단하고 더 흥미로운 것들과 비교하여 더 심각하게 영향을 받는다.

5) 상황인식의 약화

인간은 세상에 분별을 강요한다. 거의 대부분 자신들이 보기를 기대하는 것을 본다. 게다가, 개인들의 감각 구조는 그들의 심리, 자아 개념과 문화, 경험 등 특수한 자산이므로, 필수적으로 개인들은 타인들과는 다른 상황을 본다(즉, 사람들은 보고 믿게 되지만, 믿는 것만을 선택적으로 보는 경향이 훨씬 크다).

- 사물을 이해하는 것에 영향을 미치는 요소들
  - 개인적 필요성
  - 문화적 이질감
  - 자신의 경험
  - 팀원들과 공유하는 목적
  - 현실적 필요성

육해상에서 통제 목적으로 많은 Practices, Procedures, Technologies, Rules, Regulations, Teamwork skills, Communication skills 등이 만들어지고 있다. 다른 말로 표현하면, Resource management가 취약한 상황을 말하고 있다.

이들 두 문제는 상호 악순환을 만든다. 규정과 기술들이 많으면 많을수록, 이들을 교육하기 위해 더 많은 시간이 필요하다. 이것은 Resource management 교육을 위한 가용 시간을 오히려 감소시킨다.

Resource management 교육 감소는 사고율을 증가시킨다. 이것은 사고들을 다루기 위해 더 많은 Rules와 Technologies로 유도하며, 이 문제를 처리하기 위해 실제로 필요한 Training 시간의 감소를 가져온다.

6) 당직동안 상황인식의 결여 사례

(1) 상황인식의 장해요인

○ 그릇된 정보 처리에 기인한 인지
○ 과도한 동기부여
○ 무사안일
○ 과부하
○ 피로
○ 불충분한 의사소통

(2) 실패의 증거

○ 혼란
○ 위험요인을 식별하거나 보는 사람이 아무도 없음
○ 부적절한 절차의 사용
○ 규칙 위반
○ 계획된 목표에 도달 실패
○ 해결되지 않은 불일치
○ 모호성
○ 집착과 몰두

[행동 방침]

(1) 가장 중요한 목적을 기억한다.
(2) 팀 활동 전 공유를 위한 기법인 Briefing 또는 Tool Box Meeting을 반드시 사용한다.
(3) Cross check, Back-up 또는 Monitoring 활동을 지정한다.
(4) 자동화 시스템에 대한 과신을 하지 않는다.
(5) 피로 회피를 위해 개인 시간 관리를 한다.
(6) 피로 회피를 위해 MLC 규정을 준수한다.
(7) 수면 관리를 한다.

1.2 위험성 평가(Risk assessment)

Model Course 요건 : 상황인식과 위험성의 관계를 이해한다.

1) 개요

　위험성 평가(Risk assessment)란, 위험성(Risk)의 크기를 예측하고 그 위험성은 허용할 수 있는 수준인지를 결정하는 전반적인 과정이다. 그리고 상황평가는 넓은 범위의 정보 취득을 위한 과정이다. 위험성은 물적 또는 인적 변화를 가져올 수 있는 것으로 상황평가를 통하여 위험성을 판단할 수 있다.

- Danger : 구체적인 사고 즉, 충돌, 좌초, 화재, 폭발, 인명, 해양오염 등을 말한다.
- Hazard : Danger가 발생할 여지가 있는 업무를 말한다. 확률이 다를 뿐 우리는 매일 이러한 일들을 수행하고 있다.
- Risk : 특정의 위험한 일이 일어날 가능성(빈도수) 및 결과(심각성)의 결합이다.

2) 상황인식과 위험성의 관계

　상황평가는 넓은 범위의 정보 취득을 위한 과정을 말하는 것이고, 위험은 물적 또는 인적 변화를 가져올 수 있는 것으로 상황평가를 통하여 위험성을 판단할 수 있는 관계가 있다.

　운전 중 흡연이 휴대전화 사용 못지않게 위험성이 높다는 사실을 제대로 상황인식 하지 못하는 운전자들이 많다. 수면부족 등 피곤한 상태로 운전을 하게 되면 음주 운전을 하는 것과 같은 만큼 그 위험성이 높다는 것을 충분히 상황 인식하고 몸이 피곤하거나 술을 마셨을 때는 절대로 운전을 하지 않아야 한다.

　선박에서 상황인식의 오류는 자만심, 잘못된 관행, 사고위험의 과소평가 등에서 비롯된다. 예를 들면 alarm 발생 시 현장을 확인하지 않는 습관은 현장의 위험성을 과소평가 하는 것과 밀접한 관련이 있고, 특히 자동화 장비에 지나치게 의존해 직면한 상황을 제대로 인식하지 못하는 것은 자동화 장비가 제공하는 정보를 기계적으로 받아들이면서 상황인식은 떨어질 수밖에 없다.

3) Risk assessment

Risk를 정량적으로 식별하고, 등급(ranking)을 매기는 이유는 현재 본선의 안전조치가 적절한지, 추가의 안전조치가 더 필요한 지를 판단하기 위해서이다.

Risk Matrix

Likelihood		Very Likely	Likely	Unlikely	Highly Unlikely
Consequences	Fatality	High	High	High	Medium
	Major Injuries	High	High	Medium	Medium
	Minor Injuries	High	Medium	Medium	Low
	Negligible Injuries	Medium	Medium	Low	Low

[그림 7-2] Risk Matrix

선박 운용에 있어 위험성 평가는 기본적으로 수행되어야 한다. 모든 선박의 입출항, 협수로 항행 시, Bunkering 및 하역작업 등 위험성 평가를 통해 위험도를 확인해야 하고 이러한 위험성 평가는 반복적으로 발생하더라도 지속적으로 수행되어야 한다. 즉, 익숙한 것이 위험성 평가를 하지 않아도 되는 이유가 되지는 않는다. 이것은 우리가 Check list를 항상 작성해야 하는 것과 같은 이치이다.

선박은 운항과 관련된 모든 사항들을 가능한 한 고려하여 위험성을 평가해야 하는데, 상황에 따라서 이러한 요소들이 위험성을 높이기도 하고 감소시키기도 한다.

(1) Risk assessment의 진행 순서

① 1단계 : Look for the hazards (위험을 인식한다.)
② 2단계 : Decide who/what might be harmed (누가 어떤 해를 입을지 판단한다.)
③ 3단계 : Evaluate the risk arising from the hazards and decide if existing

precautions are adequate or more should be done (위험으로부터 발생할 수 있는 risk를 평가하고 현재의 사전 예방책이 적절한지 아니면 더 효과적인 예방책을 추가로 수립해야 하는지를 평가한다.)

④ 4단계 : Record your findings and implement them (찾아낸 방법에 대한 기록 및 적용)

⑤ 5단계 : Review tour assessment from time to time and it if necessary (평가를 지속적으로 검토하고 필요 시 수정한다.)

(2) 선박에서의 Risk assessment 적용

① Hazard identification (위험성 식별)

위험성 평가의 가장 첫 단계는 Hazard를 확인하는 것이다. 선박의 안전운항 상태가 감소된 상황에서 이를 더 감소시킬 수 있는 모든 추가적인 요소들까지 고려해야 한다.

② Hazard severity (심각성)

위험성 확인 절차에서 어떤 요소의 상실로 인해 예상되는 잠재적인 결과를 고려하여 현재의 안전운항이 감소된 상태에서 다음과 같은 지침을 사용해 적용한다.

범주	결과
Low Severity	- 시간 손실만 발생 - 충돌이나 자산의 손실은 없음 - 사람이 다치지 않음 - 환경 피해가 없음
Medium Severity	- 작은 충돌로 인한 경미한 손상 - 한 사람의 경미한 부상 - 경미한 환경 피해
High Severity	- 충돌로 인한 큰 자산 상의 손상 - 심각한 부상 - 심각한 환경피해

③ Hazard likelihood (발생 가능성)

각 요소는 발생 가능성에 따라 더 나쁘게 될 수 있는 가능성을 고려해야 한다. 발생 가능성은 다음의 예로 사용할 수 있다.

범주	발생가능성
Unlikely (발생가능성 거의 없음)	산업계에서 발생가능성이 매우 드물고, 위험성 평가에서 발생한 경험이 드물다.
Possible (발생 가능성 있음)	산업계에서 가끔씩 발생하고, 위험성 평가에서 발생한 경험이 가끔 있다.
Probable (발생할 수 있음)	산업계에서 자주 발생하고, 위험성 평가에서 발생한 경험이 자주 있다.

④ Associated risk (위험 관계)

선박의 위험을 결정하기 위해 다음과 같은 표를 사용한다. 이는 '3x3 table'을 예시로 사용하지만 실제로 더 상세하게 사용할 수도 있다. 이러한 위험성 평가는 회사와 선장간에 상의되어야 한다.

심각성	발생가능성		
	Unlikely	Possible	Probable
High			
Medium			
Low			

■ : Unacceptable risk : Risk를 회색 band로 감소시키지 못한다면 작업 불가
■ : 작업 전, 현장에서 실행 가능한 Risk의 감소가 필요함
■ : 수용 가능한 Risk이므로 선박에서 작업 진행

1.3 위험성 관리(Risk management)

Model Course 요건 : 위험성이 어떻게 관리되는지 이해한다.

위험성 관리는 우리의 활동에 변화가 생기는 경우 항상 수행해야 하는 절차이다. 이러한 위험성 관리는 새로운 일을 시작하는 경우, 작업환경이나 절차 등이 변경되는 경우, 새로운 장비

를 구입하거나 중고 장비를 교체하는 경우, 위험에 대한 새로운 정보를 습득했을 경우, 작업 장소에서 사고가 발생했을 경우, 작업자에 의해서 위험에 대한 의견이 발생했을 경우 등에 수행된다. 위험성 평가 후 존재하는 위험을 어떻게 제어하는가에 대한 방법을 찾는 것도 중요하다. 위험을 관리하는 가장 중요한 방법은 실행가능한 한 그 위험을 제거하는 것이고 이것이 불가능하다면 실행가능한 한 그 위험을 최소화하는 것이다.

위험을 어떻게 제어할 것인지를 결정할 때는 본선 책임자들처럼 어느 정도 경험이 있는 관리자를 참여시키는 것이 매우 중요한데, 이는 방법을 결정하는데 있어 어떤 방법이 더 효과적일 수 있는지에 대한 선택은 경험이 많은 사람의 지식에서 나올 가능성이 크기 때문이다.

선박관리자처럼 책임이 있는 직책을 맡고 있는 사람은 다양한 위험성 제거방법 중 가장 효과적으로 위험성을 제거하거나 감소시킬 수 있는 방법을 고려해야 하며, 이러한 방법은 1개 일 수도 있고 다른 방법을 접목하여 최고 수준의 보호 방법을 제공할 수도 있다.

[분임 토의]

1. 선박에서 당직 중, 상황인식의 결여로 위험을 겪었던 사례를 들어 서로 얘기해 보자.
2. 선박에서 Risk assessment를 잘 시행하지 않는 이유가 무엇인지 생각해 보자.
3. Bunkering 작업 전, 실질적인 Risk assessment를 팀 별로 시행해 보자.

2. 행동방침 선택

2.1 생성된 대안들의 식별과 고려

Model Course 요건 : 의사결정 시 대안의 식별 과정을 이해한다.

1) 개요

정확한 취득 정보가 많을수록 옵션의 수가 감소하고, 정보가 적으면 적을수록 옵션들은 많아져서 정확한 결정을 할 수가 없는 상황이 된다. 정보원을 많이 활용하는 것이 핵심이며, 이를 위해 팀원들이 자발적 또는 보완적인 활동을 할 수 있도록 관리하고 그러한 분위기를 조성할 수 있도록 해야 한다.

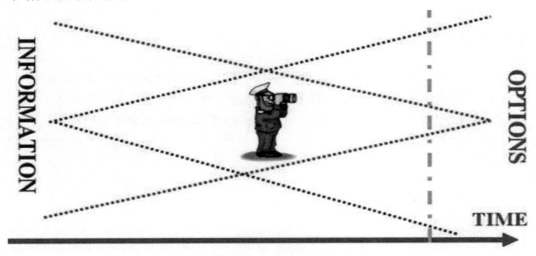

[그림 7-3] 정보와 의사결정

대안	✔ 항해계획에서 연안 항해 중 대체 항로들을 사전에 결정하는 것 ✔ 황천 조우 시 전진, 이로, 회항 등의 고려 ✔ Assertiveness의 강화로 직책에 따른 의견을 청취할 수 있는 분위기 및 구조적인 제도의 도입 즉, Briefing, Toolbox meeting, Navigational status report

2) 대안의 생성과 결정

문제 해결을 위한 선택 행위인 의사결정은 다음의 단계를 거친다.

① 결정해야 하는 문제나 상황의 인식이다. 실제로 결정을 내리기 전에 결정의 필요를 낳게 한 문제나 상황을 이해해야 한다.

② 정보수집 및 분석 단계로 의사결정자는 문제가 생긴 원인이나 문제해결의 가능한 방법에 대한 정보를 수집해서 분석해야 한다.

③ 문제해결을 위해서 가능한 여러 대안을 확인하는 단계로 전 단계에서 수집한 정보를 기초로 대안적 행동과정이 확인되어야 하는데 그러기 위해서 창의성이나 경험 및 복잡한 정보 등을 통합할 수 있는 능력이 요구된다.

④ 앞서 제시한 여러 대안을 평가하는 단계로 결정의 시행과정에서 예상되는 결과를 서로 비교하고 장단점을 주의 깊게 고려하는 단계이다.

⑤ 최종 대안을 선택하는 단계이다. 제시된 여러 대안 중에서 최선의 대안을 선택하는 단계로써, 결정에 의해 영향을 받을 사람들에게 받아들여질 수 있는 최선의 결정을 내리는 단계이다.

3) Decision making

의사결정은 여러 대안 중에서 하나의 행동을 고르는 일을 해내는 정신적 지각활동이다. 모든 의사결정의 과정은 하나의 최종적 선택을 가지게 되며, 이 선택의 결과로 어떤 행동 또는 선택에 대한 의견이 나오게 된다. 정보처리 관점에서 의사결정은 정보와 반응 사이의 '多 對 一(다 대 일) 대응'으로 나타난다고 볼 수 있다. 즉, 많은 정보를 지각하고 평가하여 하나의 선택을 하는 것이다.

(1) 의사결정의 특성

① 불확실성 : 의사결정에 있어 가장 중요한 특성은 불확실성이다. 결정론에 반대로 우리가 사는 세상이 확률적 성격을 가지고 있다는 세계관에서 하나의 선택은 어떠한 결과를 야기할 수 있거나 다른 결과를 만들어 낼 수 있다. 의사결정에 의해 일어날 수 있는 어떤 결과가 선호되지 않거나 대가가 요구된다면 이러한 불확실한 결정은 위험을 내포하고 있다.

② 친숙성 : 친숙한 상황이나 선택에서 결정을 할 경우 이 선택은 신속하고 깊은 생각 없이 이루어 질 수 있다. 전문가나 초보자가 정보를 처리하는 방식의 차이를 보면 친숙한 상황에서는 전문가가 더 빨리 처리한다. 그렇다고 늘 정확한 것은 아니다.

- 편향 : 사람들이 의사결정 과정 중에 잠재적으로 가질 수 있는 지각적 간섭에 의해 결정을 향상시키고자 하는 특성이다. 다음은 사람들이 일반적으로 가지는 지각적 편향들이다.

- 선택적 증거 채택 : 선호하는 결과를 얻기 위해 주관적으로 선택을 지지하는 증거는 채택하고 그렇지 않은 증거는 무시하는 경향

- 관행 : 새로운 상황에 놓여도 이전에 가졌던 사고 패턴을 바꾸지 않으려는 편향

- 선택적 지각 : 중요하지 않다고 생각되는 것을 능동적으로 걸러 내어 정보를 지각하는 경향

- 낙천적 소망 : 밝은 면만 보고자 하는 경향에서 느낌이나 생각 등을 편향하게 할 수 있음

- 선택 지지 : 선택한 것에 대한 기억을 왜곡하여 보다 매력적인 다른 선택을 거부 하는 편향

- 최신 선호 : 가장 최근의 새로운 정보에 대한 관심이 기존의 정보를 대체, 반대로는 처음의 것을 선호하는 primacy effect

- 반복 편향 : 가장 많이 논의되거나 가장 많은 정보 원천을 가진 정보를 선호하는 편향

- 고정 편향 : 초기의 정보가 이후의 정보에 대한 관점을 형성하여 결정을 내리게 하는 편향

- 불확실성의 과소평가 : 어떤 상황이나 사실에 대해서 실제로 제어할 수 있는 능력이 없거나 약한데도 불구하고 미래의 불확실성을 과소평가하고 자신이 이것을 제어할 수 있다고 믿으며, 결정에 따른 잠재적 문제를 최소화 할 수 있다고 스스로 믿는 것

(2) 관리자의 역할

관리자들은 조직에서 핵심적인 역할을 담당한다. 그들의 책임은 의사결정을 내리는 것부터 보고서 작성, 회의 참석 등 다양하다. 관리자의 관리적 행동으로 정형화 된 관리적 기능을 보여 주는 '전통적 모델'과 관리자들이 실제 일상적 행동을 보여 주는 '행동적 모델'이 있다.

2.2 행동방침의 선택

Model Course 요건 : 의사결정을 위한 요소를 이해한다.

1) 의사결정의 요소

(1) Teamwork

(2) Time

(3) Experience

(4) Experience in decision making (의사결정의 경험)

(5) Good complete information (완벽한 정보)

(6) High situational awareness (최상의 상황인식)

(7) Maintaining professionalism (전문성 유지)

(8) Decision making strategy (의사결정 전략)

2) 의사결정 편견 요소

(1) Halo/Horns effect (후광효과)

(2) Recently bias (최신 편견)

(3) Interpretation bias (해석 편견)

(4) Central tendency bias (중심 집중 경향 편견)

(5) Leniency bias (관대함 편견)

(6) Illusory superiority (우월감 환상)

(7) Simplification bias (단순화 편견)

3) 의사결정의 인적 요소

(1) Emotion

(2) Self

(3) Vision

(4) Surroundings

(5) 개인의 의사결정 시 딜레마

① 집단사고

② 위험이행

③ 몰입의 증대

4) 행동방침의 선택

수많은 가치들이 있지만 상황과 위험성 예측 분석을 통해 긍정적인 가치를 선택하고, 한편에서는 긍정적 가치 중에서도 선택기준을 결정할 주관적 기준을 정해서 이를 결합하여 의도된 행동을 한다. 하지만 부정적으로 판단된 선택도 피드백을 통해 대안 행동(Alternative action)으로 될 수 있다.

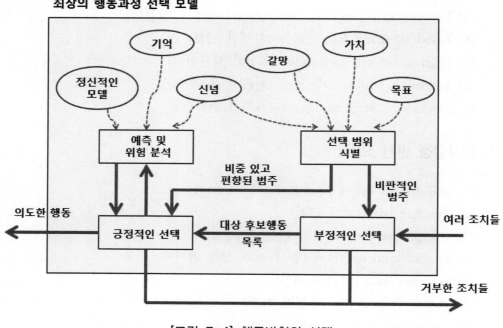

[그림 7-4] 행동방침의 선택

5) 인간행동에 영향을 미치는 요소들

인간의 행동에 영향을 미치는 요소들은 지각, 성격, 감정, 능력, 기분, 학습, 스트레스, 동기, 소속집단, 주변사람, 환경 등이다.

2.3 효과적인 의사소통

Model Course 요건 : 선박에서의 효과적인 의사소통 방법을 이해한다.

(1) Briefing

작업 전 중요사항, 각자의 책임, 작업의 진행상황 등에 대한 사항을 참여자에게 설명

(2) Toolbox meeting

작업에서 가장 위험한 한두 가지 요소를 사전에 식별하고 강조하여 참여자들의 공감을 이끌어 내어 집중하도록 하는 과정

(3) Checklist 이용

식별된 선상 업무에 적용된 각종 checklist를 현장에서 직접 적용하여 작성할 수 있게 유지

(4) Procedures/standard 이행

회사의 지침 및 표준작업 절차를 준수하고 경험에만 의존하는 매너리즘 타파 노력

(5) Near miss/accident report

승무원이 현장에서 경험한 준사고를 누락 없이 보고하여 현장의 정보를 서로 공유함으로써 비슷한 준사고 감소 기대

2.4 환류(Feedback)

Model Course 요건 : 실행 이후 성과평가와 환류과정을 이해한다.

(1) 선택된 대안을 실행하였다고 그것이 꼭 바람직한 목표를 자동적으로 달성하는 것은 아니다. 만족할만한 outcome이 나타나지 않은 경우에는 수정 활동이 필요하다. 이는 전체적인 의사결정 과정을 다시 시작하거나 반복할 수도 있다.

(2) 현재 규정상에 명시되어 있음에도 불구하고 제대로 이행되지 않는 내용에 대해서 정확한 점검을 수행하도록 하고, 이행되지 않은 문제들의 책임을 묻도록 할 수 있다. 그리고 현재 주어진 기준에서 부족한 부분을 찾아내어 개정을 하고 더 나은 수행방법을 찾는다. 또한 행동방침에 따른 수행을 통해 상황에 대한 종합적인 경험을 얻게 할 수 있다.

(3) Debriefing이 중요한 방안이다.

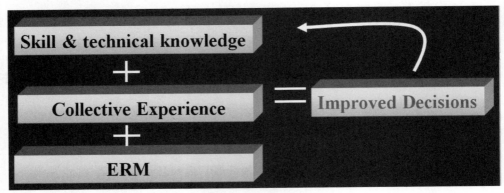

[그림 7-5] 환류 활동

[분임 토의]

1. 정비계획의 전반적인 내용과 함께 계획 수립을 위한 의사결정 시에 고려해야 할 사항을 토론해 보자.
2. 의사결정 과정에서 의사소통으로 어려움을 겪었던 사례를 들어보자.
3. 선내에서 이행되고 있는 행동방침의 예를 제시하고, 잘 이행할 수 있는 방안과 실천하지 못해 어려움을 겪었던 사례를 들어 보자.
4. 성과를 평가할 때 의사소통이 왜 중요한지 토론해 보자.
5. 선상에서 행동의 결과가 긍정적으로 환류된 예를 서로 얘기해 보자.

3. 의사결정 기술

3.1 문제해결 기법

> Model Course 요건 : 문제해결 기법을 이해한다.

문제의 분석과 의사결정을 차별화하는 것은 매우 중요하다. 이것의 개념들은 완전히 별개이다. 전통적으로 처음에 문제 분석이 행해져야 하고 그 과정에서 수집된 정보들이 의사결정에 사용될 수 있다고 주장된다.

1) 상황분석(SA, Situational Analysis)

(1) 개념 : 주변에서 현재 무슨 일이 일어났는지 파악하고 어떤 것에 우선순위를 두어야 하는지를 분석
(2) 과정
　　① 테마 설정 : 무엇을 위해 과제를 하고 있는지 명시
　　② 관심사 도출 : 현재 무엇에 관심을 가지고 있는지 명시
　　③ 사실 정리 : 관심사에 대해 구체적으로 사실을 분리
　　④ 과제 설정 : 확인한 사실에 따라 어떤 행동을 구체적으로 취할 것인지를 기술
　　⑤우선순위 결정 : 무엇부터 시작할지, 과제의 우선순위를 명시

2) 문제분석(PA, Problem Analysis)

(1) 개념 : 결정해야만 하는 문제 상황과 그 요인을 분명히 규명해야 한다. 표면에 드러난 문제가 아닌 근본적인 문제들을 규명해내야 하며 이를 위해서는 많은 시간과 생각이 필요하다. 문제분석은 문제의 원인을 충분히 조사하는 것으로부터 시작되어야하고 원인이 한 가지로 국한되는 경우는 드물기 때문에 모든 부분에서 가능성이 있는 원인들을 고려해서 충분히 넓은 범위를 조사해야 한다.
(2) 과정
　　① Gap 확인 : 무엇 때문에 어떤 것을 추구하고자 하는지를 명확히 함

② Gap 구체화 : 무엇이(What), 언제(When), 어디서(Where), 어느 정도 발생하고 있는지 세분화 하고, 발생하는 일(Is)과 발생하지 않는 일(Is not)을 확인

③ Is/Is not 확인 : Is/Is not의 비교를 토대로 양자 간의 차이에서 발생하는 사실을 분석하고 도출되는 근본적 원인을 발견

④ 검증 : 도출된 근본 원인을 논리적으로 또는 실험적으로 입증

3) 결정분석(DA, Decision Analysis)

(1) 개념 : 어떤 조치를 해야 하는지 수많은 의견과 대안 중 최적안은 무엇인지 결정
(2) 과정

① 착안 목적의 설정 : 무엇 때문에 대안을 찾으려 하는지 명시
② 목표 설정 : 목적을 어떤 수준으로 달성하려는지 구체적인 기준을 설정
③ 대안 발굴 : 목적, 목표에 따른 대안 발굴
④ 평가와 선택 : 대안에 대해 목표와 비교하여 평가
⑤ Risk 제거 : 선택한 안의 risk를 구체적으로 예측하고 이를 회피하도록 대안 개선

4) 문제해결

(1) 개념 : 정해진 목표나 기준이 현재의 상황과 얼마나 차이가 나는지를 확인하고 그 차이를 극복하는 과정
(2) 과정

① 문제의 도출
- 문제를 나열하고 핵심 해결과제를 선정
- 선정된 핵심과제를 정의

② 원인 파악
- 원인 요인을 전부 추출
- 원인을 크게 재분류
- 주된 원인과 부수적인 원인을 대별

③ 해결안 탐색
- 해결방안 탐색 및 선정

- 단기적/장기적 해결방안으로 구별
- 선택기준 선정

④ 실천계획 수립
- 핵심행동 과제 정의
- 항목별 책임자 일정, 성과 결정
- 정기 검토일정 결정

⑤ 잠재된 문제의 대처
- 예상하지 못한 문제의 파악
- 문제가 해결되지 않았을 시 영향력과 대책 수립

5) 문제해결 기법의 종류

(1) MECE (Muturally Exclusive, Collectively Exclusive)

특정 사안을 분석할 때 몇 개의 핵심요소로 분해하고 각각의 핵심요소를 또다시 분해하는 과정을 반복할 때, 분해된 항목이 중복과 누락이 없고 분해된 항목의 합이 전체의 부분집합이 되도록 고려하여 분석하는 사고기법이다.

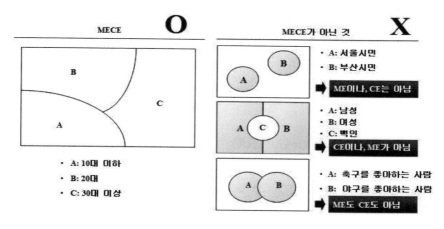

[그림 7-6] MECE 사례

(2) KT 기법(케프너-트레고 기법)

의사결정에서 문제해결을 위한 기법으로 대표적으로 경영학의 KT 기법이 있다.

	있다	없다	차이
What	*무엇이 발생했나?* 갑자기 증가하는 인터넷 접속건수	*무엇이 발생하지 않았나?* 일상적인 인터넷 접속건수	수행할 업무가 없음
Where	*어디서 발생했나?* 관리부서(서울)인 A팀과 B팀	*어디서 발생하지 않았나?* 지방에 위치한 연구부서와 생산부서	프로젝트 핵심부서인 두 팀장의 관할 부서
When	*언제 발생했나?* 오후 2시 ~ 5시 *언제 처음 발견했나?* 프로젝트 시작 후부터	*언제 발생하지 않았나?* 오전시간 프로젝트 시작전(3개월전)	두 팀장이 프로젝트에 참여 중인 시간
How much	*얼마나 영향을 받았나?* A팀과 B팀 직원 절반	*얼마나 영향을 받지 않았나?* 나머지 직원들	2개월 전에 전보되어 온 직원

[그림 7-7] KT 기법의 예시

(3) 잠재적 문제분석 (PPA, Potential Problem Analysis)

앞으로 일어날지 모르는 여러 가지 risk 예측 그리고 이에 어떻게 대응해야 하는지 파악

① 목적 정의 : 무엇을 달성하려 하는지, 어떤 목적으로 문제를 분석하는지 명시

② 성공 요인 확인 : 목표를 달성하는데 장애가 되는 요인 및 성공요인을 파악

③ 예방대책의 준비 : Risk를 발생시키는 원인을 추구하여 risk 발생의 방지 준비

④ 긴급 대책 : Risk가 발생했을 때 목표를 포기하지 않도록 차선의 대안을 고려

3.2 의사결정 기법

Model Course 요건 : 의사결정 기법을 이해한다.

1) 개념

의사결정(decision making)은 여러 대안 중에서 하나의 행동을 고르는 일을 해내는 정신적
활동이다. 모든 의사결정의 과정은 하나의 최종적 선택을 가지게 되며, 이 선택의 결과로 어떤
행동 또는 선택에 대한 의견이 나오게 된다. 정보처리 관점에서 의사결정은 정보와 반응 사이
의 '다 대 일' 대응으로 나타난다고 볼 수 있다. 즉, 대개 많은 정보를 지각하고 평가하여 하나

의 선택을 하는 것이다.

심리학적 관점에서는 개별 의사 결정들이 어떤 개인의 필요, 선호에 의해 가치를 갖는 상황 안에서 내려지게 되는지를 연구한다. 한편 인지심리학적 관점에서 의사결정 과정은 환경과 계속적으로 상호작용을 일으키는 가운데에서 행해지는 연속적인 과정으로 봐야 한다. 그러나 다른 차원에서 의사결정은 만족할 만한 해결책이 나올 때까지 수행해야 할 문제해결 활동으로 여겨진다. 그러므로 의사결정은 이성적이거나 비이성적일 수 있으며, 어떤 분명한 혹은 불분명한 가정에 기반한 논리적 이유나 감성적 이유에 의해 내려지는 결정이다.

모든 과학연구에 있어서 의사결정은 반드시 주어진 정보와 지식에 기초하여 결정하여야 하는 논리적 의사결정이어야 한다. 하지만 예를 들어 의학적 결정을 위해서 진단과 처방을 통해 의사결정을 하는 경우 대단히 시간에 쫓기고, 위험도가 높으며, 불확실성이 커진다. 따라서 최적의 의사결정을 내리는 것이 쉽지 않으며, 불확실한 가운데에서도 최적의 의사결정을 내리기 위한 여러 가지 방법이 의사결정 분석을 통해서 이루어져야 한다.

2) 의사결정의 과정

(1) 첫째로 목적이 수립되어야 한다.
(2) 목적은 분류되고 중요도에 따라 배열되어야 한다.
(3) 대체안이 개발되어야 한다.
(4) 모든 대상들을 성취할 수 있는 대체안은 임시 결정이다.
(5) 결정적인 조치와 추가적인 조치들은 문제가 되어 문제 분석과 의사결정 양 체계를 다시 시작하게 되는 나쁜 결과를 막기 위해서 취해진다.
(6) 최적 생산 계획을 결정하는 것에 사용될 수 있는 의사결정 모델에서 일반적으로 따라야 하는 단계들이 있다.
(7) 갈등이 나타나는 상황에서 Role-play는 관련자들에 의해서 만들어지는 결정들을 예측하는 것에 도움이 된다.
(8) 직면하고 있는 상황과 유사한 전례의 판례를 참고하는 것도 도움이 된다.

3) 의사결정의 모형

문제의 정의에서 시작하여 정보 수집, 대안의 규명 및 평가와 가장 바람직한 대안의 선택에 이르기까지의 여러 단계들로 구성되어 있는데, 이러한 단계들의 활동은 서로 연결되어 있으며, 어느 한 단계로부터 다음 단계로 진행할 수도 있고 그 이전의 단계로 되돌아갈 수도 있다.

합리적인 의사결정 모형의 과정은,

(1) 문제정의와 진단, 상황의 인식 및 재평가

(2) 정보의 수집과 분석, 목표의 수립

(3) 대안의 탐색 및 확인

(4) 대안의 비교와 평가

(5) 대안의 선택

(6) 결정사항의 이행

(7) 환류와 통제

4) 올바른 의사결정

(1) 정확한 정보가 올바른 의사결정의 여부를 좌우한다.

(2) 긴급한 의사결정을 요구하는 경우에 대비하여 훈련과 연습이 필요하다.

(3) 어떠한 조치를 취하지 않는 의사결정을 내릴 경우, 관계자들에게 이러한 사실을 명확하게 전달해야 한다.

(4) 확정된 의사결정은 전체적으로 수행되어야 한다.

(5) 확정된 의사결정을 수행해야 하는 경우의 주의사항에 유의한다.

(6) 한 번 결정된 사항이라도 항상 변경될 수 있다.

(7) 심리적 부담감은 있을 수 있는 문제라고 인식하고 경계해야 한다.

5) 의사결정 기법의 종류

(1) 델파이 기법

토론을 거쳐서 결정하는 것이 아니라, 전문적인 의견을 설문을 통해서 전하고 이를 다시 수정한 설문을 통해 (다른 사람들의 의견이 제시된) 의견을 받는 일련의 절차를 거쳐서 최종 결정을 내리는 방법이다.

의사결정 참석자들이 서로 얼굴을 볼 수 없으며, 전문가들이 불확실한 미래의 현상을 예측하는 도구로 많이 사용한다.

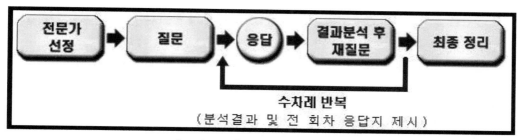

[그림 7-8] 델파이 기법 예시

(2) Decision Tree(의사결정 나무)

Decision rule(의사결정 규칙)을 나무구조로 도표화하여 분류와 예측을 수행하는 분석 방법이다. 분류 또는 예측의 전 과정이 나무구조에 의한 추론규칙에 의해서 표현되기 때문에 다른 방법(신경망, 판별분석, 회귀분석 등)에 비해서 연구자가 그 과정을 쉽게 이해하고 설명할 수 있다는 편리함이 있다.

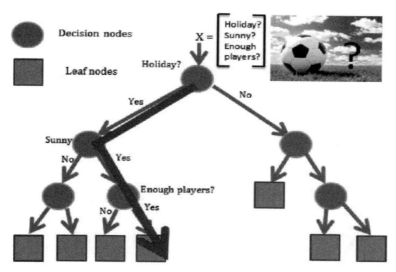

[그림 7-9] Decision Tree 예시

(3) 지명 반론자법 또는 악마의 주장법

집단을 둘로 나누어 한 집단이 제시한 의견에 대해 반론자로 지명된 집단의 반론을 듣고 토론을 벌여 본래의 안을 수정하고 보완하는 일련의 과정을 거친 후 최종 대안을 도출하는 방법이다.

반론자들은 고의적으로 본래 안의 단점과 약점을 지적해야 하며, 보다 강력하고 현실 적용성이 높아진다.

(4) PDCA 사이클(Deming cycle)

어떠한 일을 함에 있어서 계획하고 실천에 옮겨 실행하고 이러한 실행이 옳은지 그른지 또는 유익한지를 검증하여 잘못된 점은 개선하고 다음번에는 보다 발전된 계획으로 실행하고자 검증하여 개선시켜 나가는 반복적인 사이클을 의미한다.

PDCA의 핵심은 이루고자 하는 일에 대해 이룰 때까지 그 계획과 실천방식을 끊임없이 업그레이드 시키는데 있다.

① Plan : 문제의 정의, 작업 계획, 계획을 위한 자료 수집 등
② Do : 계획의 실행, 평가를 위한 자료 수집 등
③ Check : 실행 자료의 평가, 계획과의 실질적 차이 확인 등
④ Act : 차이가 크게 발생한다면 반드시 원인을 규명하고 다시 1단계로 이동, 차이가 적으면 계속 관찰하거나 표준화를 시행하고 직원들 교육을 시행하는 등의 개선조치를 시행한다.

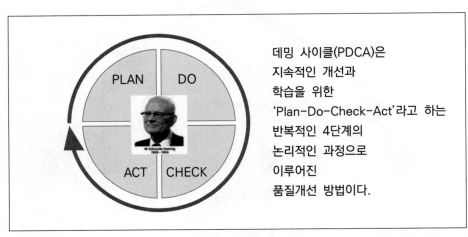

데밍 사이클(PDCA)은 지속적인 개선과 학습을 위한 'Plan-Do-Check-Act'라고 하는 반복적인 4단계의 논리적인 과정으로 이루어진 품질개선 방법이다.

[그림 7-10] PDCA 사이클

6) 의사결정의 특징

(1) 개인의 의사결정에 영향을 미치는 요소

① Schema(스키마) : 과거의 경험에 의해서 형성된 개인의 인지구조
② 창의력 : 비범한 대안을 찾아낼 수 있는 능력
③ 정보처리능력 : 정보의 중요성을 정확히 평가하여 신속히 처리할 수 있는 능력
④ Heuristics(휴리스틱스) : 판단오류, 단순한 사고와 주먹구구식 편법
⑤ 개인의 속성 : 성격, 가치관, 지각적 오류 등

(2) 집단 의사결정의 특징

① 문제해결에 이르는 시간은 길지만 정확도가 높음
② 어려운 문제해결 시 집단 내 구성원이 가지고 있는 모든 자원의 활용이 가능
③ 집단 내 구성원의 능력이 상당히 우수한 경우, 서로 자원을 공유하려 하지 않는 경향이 발생함
④ 높은 능력을 가진 개개인의 의사결정이 보통의 능력집단의 집단적 의사결정 보다 나은 결과를 가져올 수 있음
⑤ 집단 구성원들 간의 잘못된 의견 일치 추구 성향이 있음
⑥ 집단의 역량을 과대평가 하거나 폐쇄적인 아집, 획일성 추구 압력 등이 있음
⑦ Asch effect(애쉬효과)를 보임. 심리적으로 다른 사람의 의견을 따라가는 성향으로 다수가 공유하는 틀린 생각 때문에 개인의 옳은 판단이 잘못된 영향을 받게 되는 현상

[분임 토의]

1. 선박에서 발생한 사고 중 전략적 해결방법이 적용되어 문제를 해결한 사례를 들어보자.
2. 선박에서 문제해결 전략이 잘 이루어지지 않는다면 이유는 무엇이라 생각하는가?
3. 의사결정이 제대로 이루어졌는지를 알아보기 위해서 어떤 관리 기법이나 방법이 효과적이라고 생각하는가?
4. Hidden pressure(심리적 부담감)의 정의에 대하여 설명하고, 심리적 부담감을 느껴 본 사례가 있으면 그 예를 들어보자.
5. Hidden pressure를 방지하기 위하여 어떤 방법이 효과적일지 생각해 보자.

4. 권위 및 자기주장

4.1 권위의 형태

1) 권위(Authority)

권위는 제도, 이념, 인격, 지위 등이 그 가치의 우위성을 공인시키고 영향력을 행사할 수 있는 능력이나 위신을 말한다.

어느 개인이나 조직(또는 제도) 및 관념 등이 사회속에서 일정한 역할을 담당하고 그 사회의 구성원들에게 널리 인정되는 영향력을 지닐 경우, 이 영향력을 권위라고 부른다. 따라서 권위는 이것을 느끼고 인정하는데서 성립하는 정신적인 것이다. 권위는 그 영향력이 미치는 영역에 따라 도덕적 권위 또는 정치적, 과학적 권위 등으로 나눌 수 있다.

권위는 임의로 생겨나는 것이 아니다. 권위는 결국 생산양식에 의해 규정되고, 역사상 각 시대의 생산양식이 다름에 따라서 특유한 권위가 성립하며 권위의 교체도 나타난다. 봉건시대의 도덕적/정치적 권위가 자본주의 시대에 들어와 부정되고 새로운 권위가 나타나는 것은 그러한 예라고 할 수 있다.

2) 독단(Dogma)

긍정적인 의미의 권위는 자칫 경계선을 넘어 독단이라는 분류에 속한다. 즉 자신의 권위체계 속에 갇혀 비논리적, 무 검증 되더라도 이미 의사결정이 되어 버린다는 것이다. 이것을 방지하기 위해서는 논리적 검증을 할 수 있는 의사결정 체계를 만들고 독단적인 권위에 의한 의사결정이 없어야 하고 합리적인 권위를 가진 사람이라 할지라도 끊임없이 합리성에 대해 검증 받아야 한다.

사람들은 '독단'이라는 말을 싫어한다. 독단이란 논리를 초월한 권위에 의한 결정을 말한다. '논리' 보다는 '권위'에 의존한 결정이란 의미이다. 독단이란 비논리적인 결정을 강요한다는 의미이다. 독단은 두 가지를 전제로 하는 듯하다. 논리성 무 검증과 권위에 의한 의사결정, 상대방의 논리에 대해 자신의 논리가 보다 타당함을 주장하는 것이 여의치 않거나 필요하지 않아야 하고, 상대가 나의 판단과 결정에 구속되는 위치에 있어야 한다. 즉, 논리적이든 논리적이지 않던 나의 논리성은 시험받지 않는다. 스스로 합리적으로 잘 결정할 수 있는 자가 그러한 결정을 할 때 우리는 '독단'이라고 말하지 않는다. 전문가에 의한 합리적 의사결정이라 믿는다.

다만 이 경우 의사결정권자는 그 행위에 대한 내외부의 전문가, 비전문가로부터의 논리적 비판에 모두 응답할 수 있어야 한다.

독단의 또 다른 한 가지 특징은 상대가 나의 권위체계 내에 있어 나의 비논리적 판단에 의한 결과에 지배당해야 한다. 상대가 나의 비논리적 결정에 따르지 않는다면 더 이상 독단일 수 없다. 독단을 없애려면, 독단에 이르지 않도록 논리적으로 검증할 수 있는 의사결정 체계를 만들고, 독단적인 사람에게 권력을 주지 않고 독단적인 사람이 되지 않도록 견제를 강화해야 한다.

3) 권한(Right)

권한이란 타인에 대한 일정한 법률효과를 발생시킬 수 있는 자격을 말한다. 권한의 범위는 당사자의 의사로써 정해지기도 하지만 법률관계의 명확성과 안정성을 도모하기 위하여 그 범위를 법률로써 정하고 있다. 권한의 범위 내에서 이루어진 행위만이 적법하게 그 효력이 발생하고 그에 따른 권리 의무가 타인에게 귀속하게 된다.

4) 선상에서 선장의 권위(Master's Authority)

(1) 선장은 법률과 회사의 책임 때문에 공식적인 권위를 보유하고 있다.

(2) 선장은 개인적인 권위를 가질 수도 있다. 공식적인 권위와 개인적인 것은 연결된다.

(3) 개인적인 권위가 약하면 공식적인 권위가 사용되어야 한다. 만약 개인적인 권위가 강하다면 훌륭한 선장은 공식적인 권위를 사용할 필요가 없다.

(4) 여기서는 공식적, 법적 그리고 사내의 권위가 아닌 개인적인 권위를 논하고 있다. 타인이 보는 권위의 정도는 의도되었던 것과 다를 수 있다.

4.2 자기주장(Assertiveness)

Model Course 요건 : 선상에서의 자기주장 정당화를 이해한다.

1) 개념

자기주장은 옳던 틀리던 간에 자신의 생각을 제시하는 것으로, 이러한 자기주장은 자신감, 지식, 기술, 경험 또는 개성으로부터 올 수 있다.

자기주장은 스스로 자기 자신에 대한 확신이고 공격성 없는 확신이다. 심리학에서는 이것을 배울 수 있는 기술이고 대화의 한 mode로 본다.

2) 자기주장과 의사소통

자기주장은 대화 스타일과 전략으로써 공격성과 수동성과는 다른 것이다. 공격적인 사람은 남용 또는 공포를 통해 사람을 잘 다룬다. 수동적 대화자는 특히 다르게 영향을 주려고 하는 위험을 좋아하지 않는다.

자기주장적인 대화는 사람에 중점을 두는 것이 아니라 논의 사항에 중점을 둔다. 반면 공격적이고 수동적인 대화는 관계 단절을 가져올 수 있고 자존감을 감소시킬 수 있다.

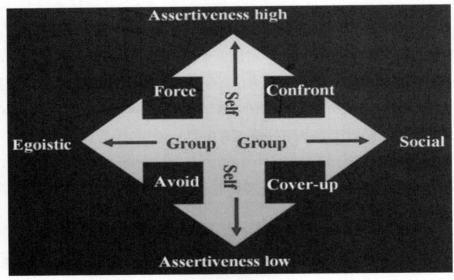

[그림 7-11] 자기주장의 정도와 사회성과의 관계

3) Assertive people(자기 주장적인 사람)의 특징

(1) 자기의 느낌, 생각 및 요구 등을 표현하는데 자유롭고, 다른 사람들과 편안한 관계를 유지할 수 있다.

(2) 자기 자신의 권리를 안다.

(3) 자신의 화를 제어할 수 있다. 이것은 자신의 느낌을 억누르는 것이 아니고 자신의 화를 제어하고 그것에 대해서 합당한 이유로 관련된 이야기를 한다.

(4) 자기 주장적인 사람은 항상 자기가 원하는 것만 하는 사람이 아니라 다른 사람들과 타협하는 것을 원하며 스스로에 대한 자존감을 갖고자 한다.

(5) 자기 주장적인 사람은 친근감을 나의 필요와 상대방의 필요를 충족하고자 하는 위치에서 표현한다.

4) 자기주장 기술

자기주장의 기술은 다양하게 변화하고 있으며, 다음과 같은 기술들이 있다.

(1) Broken record(고장 난 레코드) 기술

고장 난 레코드 기술은 간단히 말해 자기의 요구 또는 자기의 거부를 저항에 직면할 때마다 계속 말하는 것이다. 고장 난 레코드 기술에서 중요한 방법은 '반복'이고, 이것을 통해서 동료들은 '아니요'라고 말하지 않게 된다.

(2) Fogging(안개) 기술

안개법은 의견에 대한 반대자가 논의되고 있는 것에 동의하고자 하는 몇몇 제한된 수긍할 수 있는 부분을 찾는 것이다.

(3) Negative Inquiry(비판적 캐묻기) 기술

비판적 캐묻기법은 더 상세한 비평을 요구하는 것이다.

(4) Negative Assertion(비판적 주장) 기술

비판적 주장법은 요구의 감소 없이 비평에 동의하는 것이다.

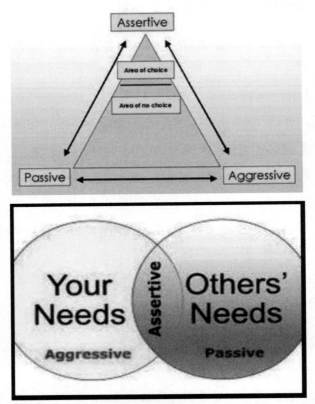

[그림 7-12] 자기주장과 수동적 주장 및 공격적 주장과의 관계

5) 선박에서 자기주장의 정당화

선박에서는 각 직급별로 각자의 고유 업무가 정해져 있다. 각자의 업무는 특별한 경우가 아니면 전적으로 그 담당자에게 책임이 주어진다.

각 직급별 업무는 누구보다도 당사자가 제일 잘 알고 있고 무엇이 부족한지 무엇이 필요한지에 대해서도 잘 알고 있다. 그리고 상위직급 사람(ex. 기관장)은 각자에게 주어진 책임들이 잘 수행되고 있는지 검증하고 수정을 지시할 책임을 가지고 있다.

간혹 업무의 담당 책임자로서 특정업무에 대해서 문제가 발생하지 않도록 최선을 다해 처리했으나, 상급자가 본인이 가지고 있는 경험이나 지식을 바탕으로 처리한 부분의 문제점을 지적하게 되는 경우 담당 업무 책임자는 자신의 전문성에 대한 의심을 받는다는 기분을 느끼게 되는 경우가 발생하기도 한다. 동시에 상급자는 자신의 경험과 권위를 하급자가 인정하지 않는다고 의심을 하게 되어 조직의 분위기는 쉽게 경직될 수 있다.

앞에 언급한 상황은 언제든지 발생할 수 있으나, 이러한 상황이 발생하는 경우 이것이 문제점이 아니라 전체 조직과 이들의 목적에 긍정적으로 작용하기 위해서는 다음과 같은 전제조건이 함께 공유되어야 한다.

(1) 목적을 공유하는 Briefing 실시

(2) 공감을 바탕으로 한 의사소통이 가능한 열린 분위기

(3) 결과에 대하여 blame 하지 않는 분위기(No blame culture)

(4) 사실(fact)을 중요시 하는 분위기

(5) 이의제기(challenge)를 격려하고 칭찬하는 분위기 등

(6) 이를 바탕으로 긴급한 상황이 발생했을 경우, 선박관리자는 전 승무원의 전폭적인 지지와 신뢰를 바탕으로 강력한 자기주장을 펼칠 수 있는 것이다.

[분임 토의]

1. 선상에서 상급자의 '독선'으로 어려움을 겪었던 사례를 얘기해 보자.
2. 하급자가 상급자에게 자기주장을 잘 펼칠 수 없는 이유를 토론해 보자.
3. 선박생활에서 모든 승무원들이 자기주장을 잘 펼칠 수 있도록 하기 위해서는 어떤 노력이 필요한지 토론해 보자.

5. 판단

5.1 판단(Judgement)의 의미

Model Course 요건 : 판단에 따른 의사결정 과정을 이해한다.

1) 개념

(1) 판단이란 Knowledge와 Information의 중간 단계라고 말할 수 있다. 판단은 여러 가지의 정보들이 어떤 과정을 거쳐 의사결정을 이루게 되는 것을 의미한다.

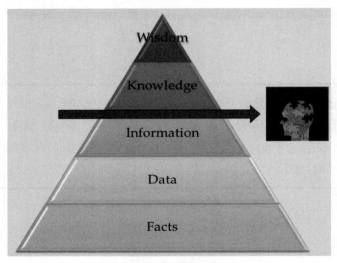

[그림 7-13] 판단의 개념

(2) 판단은 대안을 마련하기 위하여 여러 가지 정보들을 선택하고 가공하는 과정에 포함되며 각각의 결정에는 좋은 결정과 나쁜 결정 모두가 있을 수 있다.

(3) 판단은 어떤 대상에 관해서 어떤 징표를 주장하는 작용을 뜻하며, 그것의 언어적인 표현을 판단이라고 하는 수도 있다.

(4) 판단 가운데에는 대상과 그 징표와의 사이의 객관적인 연관이 반영되고 있다.

(5) 판단을 가장 단순한 형식으로 생각하면 주어, 술어로 이루어지며, 'S는 P이다' 라는 일반 형식으로 나타난다(S는 주어, P는 술어를 나타낸다).

(6) 판단은 그 질에 따라 '긍정판단'과 '부정판단'으로 구분된다. 부정판단은 특히 'S는 P가 아니다'라는 형식으로 나타난다.

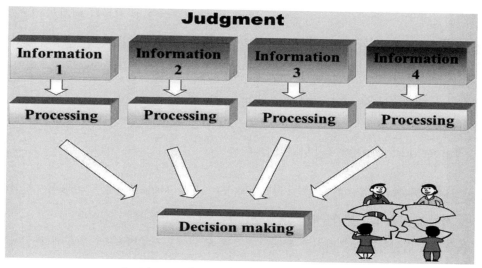

[그림 7-14] 판단에 따른 의사결정 절차

2) 판단을 흐리게 하는 인적 요인

(1) Uncertainty(불확실성)

    ① 정보, 지식 또는 능력 등의 부족

    ② 상황의 복잡성

    ③ 시간 부족

    ④ 업무량 과중

    ⑤ 위험으로 인한 스트레스

(2) 판단에 가장 큰 영향을 미치는 것은 Personality(인성)

(3) 위험하거나 또는 안전한 사고방식

3) 판단의 종류

(1) Reality Judgement (현실 판단)

관찰이나 과학적 탐구, 역사적 탐구 등을 통한 객관적 근거에 의해 판단의 진위를 명확하게 알 수 있다. 현실 판단을 하는 사람들에 의해 필요한 재능 중의 하나는 중지할 위치를 아는 것이다. 현실 판단자는 초연, 객관적인 균형, 가능하고 실행할 수 있는 복잡한 변경을 따를 수 있는 명석한 두뇌, 환영만큼이나 달갑지 않음에 현실을 부여할 수 있는 든든한 심장이 필요하다. 현실 판단자는 정직하고, 선견지명이 있고 용감함에 틀림이 없다. 무엇보다도 그는 가장 적절한 상황의 모든 측면들에 관하여 재빠른 인지가 필요하다.

(2) Value Judgement (가치 판단)

일반적으로 판단이란 두 개의 서로 다른 개념 또는 표상 사이의 관계를 나타내는 것이 보통이지만, 가치 판단은 그 대상과 판단하는 주관과의 관계를 나타내는 것이다.

만약 우리가 실현하고 보존하기를 원했던 가치들에 관계되지 않았다면, 상황에 관심이 없거나 행동할 동기가 없었을 것이다. 모든 복잡한 결정에서 기본적인 어려움은 관계되는 상충가치들을 중재하는 것이다. 결정을 시도할 때, 사람들은 항상 그들 자신의 과거 기준 또는 산업에서의 현재 기준으로부터 관계되는 적절한 가치 기준을 발견한다. 그래서 가치 판단을 할 때, 우리는 좀처럼 규칙의 적용 이외에 행위의 자각을 하지 않는다. 가치판단 동안, 판단 시 어떠한 편견들도 최소화 할 조치를 취하는 자신의 가치에 유의하여야 한다.

(3) Action Judgement (행동 판단)

현실 판단과 가치 판단이 더 기본적인 것이라면, 행동 판단은 두 판단의 상호작용에 의해서 발생하는 것이다. 이것은 친숙한(정통한) 개념의 구성요소들을 해체하여 새로운 방식으로 이들을 재결합하는 정신적인 능력인 창의력으로 불릴 수 있다. 이것은 현실과 가치 판단에 의해 대상이 정의되었을 때 "그것에 관하여 내가 무엇을 해야 할까?" 질문형태의 대답에 관계된다. 행동 판단의 결정자는 독창성이 풍부하고, 끈기가 있으며 용감한 사람임에 틀림이 없다.

5.2 선박에서의 판단 사례

Model Course 요건 : 선박에서의 판단 사례를 이해한다.

사례 1	본선에서 조난선박의 신호를 접수하였다. 본선의 바쁜 스케쥴 등 본선 사정을 고려하여 조난선박을 구조하러 가지 않는 것은 현실 판단이고, 조난선박을 구조하러 가는 것은 가치 판단이라 할 수 있다.
사례 2	■ 항해 당직 중 주위 선박들의 움직임을 radar나 AIS 정보 등을 통해 입수하고, 이 선박들의 CPA나 TCPA를 통해 위험성을 판단한다. (정보) ■ CPA의 크기와 두 선박의 위치에 따라 누가 피항선인지 항법관계를 통해 피항 여부를 결정하게 된다. (지식) ■ 항해사가 상대선을 관측한 결과, CPA가 0.1마일에 불과하고, TCPA가 10여분 이내로 확인되었으며, 본선의 왼쪽에 상대선박이 횡단하는 관계에 있으므로 본선이 유지 선이 되어 현재의 침로와 속력을 유지하였다. (판단) ■ 그러나 상대선이 본선으로부터 5마일 이내로 접근하였지만 상대선박이 적극적인 피항을 하지 않자 VHF로 상대선을 불러 변침의도를 확인하고, 조타수가 선내 순찰차 선교를 비웠으므로 당직 항해사는 직접 조타기를 사용하여 협조 동작을 취하였다. (현실 판단) ■ 그러나 본선의 협조동작에도 불구하고 두 선박이 너무 근접되어 충돌의 위험이 높아지자 당직항해사는 창피함과 기관사로부터 불평이 예상됨에도 불구하고 선내방송으로 선장을 호출하고, 즉각적으로 telegraph를 사용하여 Main Engine을 정지시켰다. (가치 판단)

[분임 토의]

1. 충돌이나 좌초로 인한 기관실 침수 시 단기 전략을 수립해 보자.
2. 기관실(Floor deck) 화재 시 단기 전략을 수립해 보자.
3. 입출항 중 Black-out 발생에 대한 단기 전략을 수립해 보자.
4. 선박의 최종 목표를 장기 전략과 대비해 보자.

6. 비상대응 및 군중관리

6.1 선박의 비상상황

Model Course 요건 : 선상 비상상황을 이해한다.

1) 해상에서의 중요 사고

(1) Sinking(침몰)

(2) Grounding(좌초)

(3) Fire(화재)

(4) Collision(충돌)

(5) Oil pollution(해양오염)

2) 선상 비상대응 관리의 개요

일반적으로 비상대응 관리는 다음의 요소로 구성된다.

(1) 과거의 비상상황에 대한 경험

(2) 인간의 특성에 대한 이해

(3) 대응시스템의 특수한 전문성

선박에서의 비상대응은 비상대응 절차에 따라 훈련 받고 조직화된 승무원들에 기초를 둔다. 비상상황 하에서는 승무원의 지식, 기술 및 훈련의 정도 뿐만 아니라 관리조직의 특징이 완전히 드러나게 되어 있다. 선박에서 발생할 수 있는 비상상황들 중 화재, 익수자 발생, 퇴선과 같은 몇몇 비상상황은 이러한 상황에 대한 절차를 미리 정해 두고 정기적으로 훈련을 수행하기 때문에 사전에 준비할 수 있다. 이러한 비상상황에 대한 표준 대응절차가 실제 상황에서는 적절한 대응을 가능하게 한다.

미리 예측할 수 없는 비상상황에 의한 장비나 자동시스템의 고장 등은 매우 중대한 비상상황이지만 합리적이고 적절하며 신속하게 대응하기 매우 힘들다. 이러한 상황들은 승무원들이 사전에 준비하지 못한 비상상황이고 예측이 불가능하기 때문에 이러한 상황의 관리를 위해서는 특별한 지식을 필요로 한다.

3) 비상상황 하에서의 정보 처리 과정

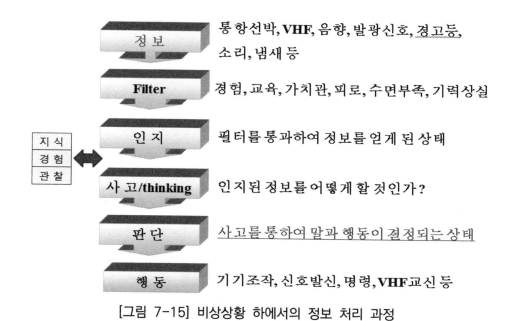

[그림 7-15] 비상상황 하에서의 정보 처리 과정

4) 비상상황 하에서 필요한 리더십의 요건

(1) 현 상황에 집중하고, 다음 24시간이 과거와 미래보다 우선해야 한다.

(2) 위험 노출의 즉각적인 감소와 최소한의 정신적인 안정이 우선해야 한다.

(3) 추가적인 손상방지와 문제해결의 접근이 원인식별 보다 우선해야 한다.

(4) 여력의 확인은 물론 정신적 상해의 제한이 우선해야 한다.

(5) 방법적인 비상대응이 상식적인 대응보다 선호되어야 한다. (창의력 필요)

(6) 결정사항에 대한 가치를 정확히 파악하고 극대화해야 한다.

(7) 모든 대체안의 성공 가능성 여부를 간파해야 한다.

(8) 의식적, 무의식적 과정을 통합해야 한다.

(9) 각 상황에 대응하여 새로운 대안을 수립해야 한다.

(10) 위험을 기회로 전환해야 한다.

(11) 최종 선택은 자신과 팀원들을 통합한 결과이어야 한다.

5) 선상 비상상황 대응 준비

선상의 비상상황은 인명, 선박, 화물 및 환경 관련된 심각한 사건의 발생을 말한다. 이러한 상황에서 승무원들은 위험한 결과를 감소시키기 위한 행동을 하게 된다. 선박에서 화재발생이나 기름 유출사고 등이 발생하였을 경우에는 소화비상배치 매뉴얼이나 선상기름오염비상계획서(SOPEP) 등과 같이 비상대응 지침이 마련되어 있는 경우에는 해당 지침을 따르는 것이 좋다. 그러나 선박에서 발생하는 모든 비상상황에 대해 지침을 마련할 수 없으므로 비상상황에 맞도록 적절한 대응이 필요하다.

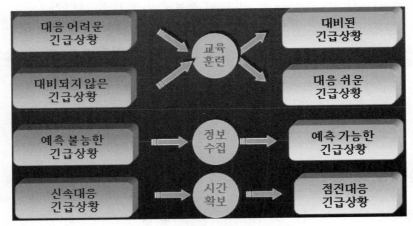

[그림 7-16] 비상상황 대처법

선박에서 비상사태가 발생하면 상황의 긴박성이나 주위 도움의 한계 또는 자원의 제약 등으로 비상상황을 제어하기 매우 어려울 수 있다. 따라서 가능한 한 대응하기 어려운 비상상황을 대응하기 쉬운 상황으로 바꿀 필요가 있으며, 본선의 책임자(선박관리자)가 비상상황에 적절히 대처하기 위해서는 다음의 요소들을 갖추고 있어야 한다.

(1) 정상적인 업무에 정통해야 한다.

(2) 선박의 사양에 친숙해야 한다.

(3) 모든 장비의 사용에 정통해야 한다.

(4) 비상 시 표준절차를 반드시 사용해야 한다.

(5) 비상조직에서 자신의 역할을 정확히 알아야 한다.

(6) 정기적으로 훈련을 실시해야 한다.

(7) 비상 시 승무원/여객과의 명확한 의사소통의 중요성을 알아야 한다.

6.2 Crowd management(군중 관리)

Model Course 요건 : 군중심리 현상과 대책을 이해한다.

1) 개념

선박에서의 군중관리는 군중이 동요하지 않고 침착함을 유지할 수 있도록 심리적 안정감을 제공하고, 서로 간의 질서를 지킬 수 있도록 유도하며, 화재와 같은 위기의 상황에서 선박관리자에 대한 신뢰감을 갖고 지시와 유도에 따라 신속하고 안전하게 대피할 수 있도록 유도하는 것이다.

군중관리란 한마디로 말하면 '비상상황 하에서 여객들을 도와주는 능력'이라고 할 수 있으며, 이 능력에는 다음의 것들이 포함되어야 한다.

(1) 여객실, 통로, 퇴선갑판 등에서 여객들을 통제하는 일
(2) 여객들의 공포감이나 비이성적인 행동들을 예방하는 일
(3) 여객들과 의사소통하고, 필요한 정보를 적기에 제공하고, 필요 시 지시하는 일
(4) 여객들이 승무원들의 비상조치를 도울 수 있도록 동기를 부여하는 일
(5) 비상상황이 종료되었을 때 여객들을 진정시키는 일 등

[그림 7-17] 비상시 Closed loop 소통 방식

여객선 승무원들은 화재 등 비상상황이 발생할 경우 여객들을 잘 통솔하여 동요하지 않도록 해야 하고, 또한 퇴선이 불가피한 경우에는 여객들이 당황하지 않고 질서를 지키며, 승무원들의 지시와 유도에 잘 따르도록 함으로써 여객을 신속하고 안전하게 퇴선 시켜야 하는데 이를

위해 수행해야 할 일련의 직무를 'Crowd management(군중관리)'라 하며, 이는 선박이 비상상황에 처했을 때 여객의 안전을 지키기 위해 매우 중요한 일이라 할 수 있다.

2) 군중 심리

군중심리란 사람들이 무비판적으로 다른 사람들의 행동에 이끌려 어떤 행동을 하게 되는 심리현상을 말한다. 여객선과 같이 여러 사람들이 모여 있는 곳에서 사람이 일으킬 수 있는 심리현상은 다음과 같은 것들이 있다.

(1) 불안감의 신속한 전파성

선박은 육상의 교통수단과는 달리 해상에서 항해하는 구조물인 관계로 여객선의 여객들은 선박이 목적항에 도착할 때까지 은근히 불안감을 가지고 있을 수밖에 없다. 따라서 갑자기 어떤 사고가 발생하면 여객들은 불안감으로 인하여 자칫 잘못하면 동요를 일으킬 수 있으며, 이러한 불안 심리는 순식간에 주위의 다른 여객들에게 전파되어 결국 많은 수의 여객이 공포감에 휩싸이게 된다.

(2) 추종성

군중들은 불안이 팽배해 진 분위기 속에서 강한 리더가 나타나 분명한 공동의 목표를 제시하고 따르도록 강력히 유도하면 서로 연대감을 가지고 리더의 유도에 따라 한 방향으로 움직이는 경향이 있다.

(3) 경쟁심리

군중심리 중 또 한 가지는 많은 군중이 모여 있을 때 사람들은 남보다 빨리 무언가를 성취하려는 경쟁 심리를 가지고 있다는 것이다. 즉 남보다 먼저 탈출하려는 심리, 먼저 탑승하려는 심리 등이 작용하는 경향이 있다.

(4) 군중심리가 반영된 여객들의 실제 반응

(비상상황의 종류에 따라 차이가 있지만 대체로 아래 표와 같다.)

비상사태의 초기 발표 후			비상사태(위험)을 받아들인 후					
10%	30%	60%	10%	5%	10%	60%	12%	3%
즉시 현상을 받아 들인다	조사 한다	상황을 무시 한다	도망 하여 자신을 구한다	맞서 싸운다	다른 사람을 도운다	다른 사람의 조치를 기다 린다	얼어서 아무 것도 못한다	Panic

(5) 군중심리에 대한 대책

① 불필요한 정보를 여객들이 먼저 퍼뜨리기 전에 본선에서 상황을 알려야 한다.
② 승무원들은 침착한 태도로 분명한 공동의 목표를 제시해야 한다.
③ 승무원들이 강력하게 목표달성으로 유도하면 상호간의 연대감이 발생하고, 승무원들의 유도에 따라 한 방향으로 움직이게 된다.

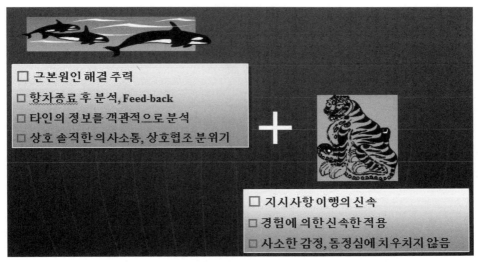

[그림 7-18] 비상상황에 적합한 리더십 : 돌고래형 + 호랑이형

[분임 토의]

1. 선박에서 발생했던 비상상황에 적절히 대처하였거나, 대처하지 못했던 사례를 들어 토론해 보자.
2. 선박에서 비상상황이 발생했을 때, 선박관리자의 리더십이 왜 중요한지 토론해 보자.
3. 실제 선박의 비상상황(승무원의 심각한 부상, 해양오염 발생, 기관실 침수, 기관실 화재, 기기의 심각한 손상 등)을 가상하여 각팀별로 시뮬레이션 해 보자.

정리	평가 및 태도 변화

평가

- 평가자는 평가 내용에 제시되어 있는 내용을 성공적으로 수행할 수 있는지를 평가해야 한다.
- 평가자는 다음 사항을 평가해야 한다.

학습 내용	평가 항목	성취수준		
		상	중	하
위험성의 식별	- 상황을 잘 인식하고 업무에 반영할 수 있다			
	- Risk assessment를 적용하여 선무를 할 수 있다			
의사결정 기술	- 성과를 평가하여 현업에 반영할 수 있다			
	- 의사결정을 위한 최선의 대안을 선택할 수 있다			
비상 상황 및 군중의 관리	- 권위와 판단을 이해하여 현업에 적용할 수 있다			
	- 비상상황 대처법을 이해하여 준비할 수 있다			

태도 변화

- 지금까지의 학습내용을 정리하면서 나의 변화를 위한 내용들을 정리해 봅시다.

새로 할 것 / 개선해야 할 것	버려야 할 것 / 줄여야 할 것

평균의 함정을 뛰어넘어라!

이기는 체질을 가진 구성원들로 조직을 변신시켜라!

'적당히 잘하고 있다'는 위안, '이 정도면 됐다'는 안도 따위는 버려라!

"목표설정, 계획, 꿈은 멋집니다. 하지만 그것을 실현하기 위해 행동하지 않는다면 그것은 여전히 목표이자 계획이며 한낱 하룻밤의 꿈으로 남게 될 것입니다."

★ 이기는 습관 1 - 평균의 함정을 뛰어넘어라.
★ 이기는 습관 2 - 그저 하지 말고, 되게 하라.
★ 이기는 습관 3 - 립 서비스 말고 실력으로 말하라.
★ 이기는 습관 4 - 공짜보다 진심이 이긴다.
★ 이기는 습관 5 - 원칙이 가장 뛰어난 전략이다.
★ 이기는 습관 6 - 결과와 성과만 주문하라.

김동진 저 『이기는 습관』中

"새로운 성공신화를 위한 여정! 한걸음 한걸음 착실한 실행에서 출발합니다."

제8장 결론

학습 목표	▪ 학습평가의 목적과 바람직한 학습평가 방법을 이해할 수 있다. ▪ IMO Model Course에서 제안하는 학습평가 기준을 알 수 있다. ▪ 리더십 및 팀워크 교육의 효과를 설명할 수 있다.

재료·자료	▪ IMO 모델코스

1. 학습평가

선박의 운항 중에 승무원들은 다양한 정보를 감지, 지각하며 습득된 정보를 바탕으로 어떠한 행동을 하기 위해 의사결정을 하며 그러한 의사결정을 통해 행동으로 옮기게 된다. 이러한 인지과정 중에 문제가 생길 때 승무원들은 실수를 범하게 되며 이는 사고로 연결되기도 한다. 본 과정 'Leadership and Teamwork'에서는 선박운항과 관련된 다양한 인지과정에 대한 이론적, 실무적 그리고 교육생의 인지를 높이기 위해 다양한 Case study와 시뮬레이션을 제공하였다.

IMO Model Course에서는 단순 필기나 구술 평가의 방법으로 교육생의 교육학습과정에 대한 평가는 지양하고, 과정 중 교육생의 참여정도, 과정의 이해도, 그룹과의 참여도 등을 통해서 평가토록 제안하고 있다. 또한 과정 중 교육자가 교육생에게 학습과정에 대해 이해력이 떨어지거나 의도치 않은 다른 결과가 나왔을 때에도 적극적인 피드백과 조언을 제공해주길 권장하고 있다.

2. 평가 기준 및 방법

2.1 평가 기준

IMO Model Course에서 제안하는 일반적 평가 기준은 다음과 같다.

- 단순 단답형 및 서술형 문항의 평가 또는 구술형은 지양한다.
- 가능한 한 교육생 개개인이 피드백을 포함하여 평가할 수 있도록 평가방법과 내용을 다양화 한다.
- 학습의 과정에 부합되도록 교육생의 이해가 충족되었음을 확인한다.
- Assessment와 Evaluation은 적절하게 사용한다.
- 학습평가는 학습목표에 근거해야 한다.
- 학습평가 결과는 교수설계에 피드백 되어야 한다.
- 학습평가의 결과는 강의 개선으로 나타나야 한다.
- 학습목표의 달성 정도가 높다고 해서 실무 적용도가 높은 것은 아니다.

2.2 평가 방법

IMO Model Course에서의 평가(Evaluation)는 교육생의 학습진행 상황에 대한 정보를 수집하고 제공된 내용에 대한 숙지와 이해력을 갖추었는지를 확인하는 하나의 절차로 정의하고 있다. 다만 교육생을 위한 평가를 시행할 경우에 아래의 원칙에 근거하여 평가가 이뤄질 수 있도록 제안하고 있다.

1) Evaluation 시행 시 5개 원칙(IMO Model Course)

(1) Evaluation은 교수학습과정(Teaching-learning process)에 있어 계획된 교육내용과 실제 교육과 밀접하게 연결되어 있는 필수적인 부분이다

(2) 평가는 교육과정의 의도된 학습 결과를 바탕으로 시행되어져야 한다.

(3) 평가의 계획은 사전에 교육생에게 통보되어져야 한다.

(4) 평가는 공정하고 형평성을 보장해야 한다. 평가 자체가 교육생간 민감한 이슈가 될 수 있으며, 교육생이 지닌 지식과 이해, 기술 및 태도가 보여질 수 있도록 기회가 제공되어

져야 한다.

(5) 평가는 긍정적인 피드백을 교육생에게 제공하여 교육생의 성공적인 학업 성취를 이룰 수 있는 방법이 되어야 한다.

2) Evaluation의 기능에 따른 평가 유형

기능면에서 평가를 분류하면 진단평가, 형성평가 및 총괄평가로 나누어 볼 수 있다. 진단평가, 형성평가, 총괄평가는 여러 가지 측면에서 다른 기능적 차이를 보인다.

(1) 진단 평가(Diagnostic evaluation)

수업이나 프로그램 실시 이전에 참여자의 사전적 지식, 이해 및 기술 정도를 점검하는데 사용된다. 학습자, 참여자의 정보를 수집하고 교육방향을 설정, 수정하며 학습장애의 원인과 정도를 파악하기 위한 목적을 가진다.

(2) 형성 평가(Formative evaluation)

학습이 진행되는 과정(Ongoing class process)에서 그 수업의 목표 달성을 위해 수시로 점검하는 과정(Process)을 말한다. 형성 평가는 과정 중심의 평가로 학습 내용이나 교수학습의 개발 단계에서 이루어지며, 교수 전달 방법과 과정, 결과의 향상과 효율을 증진시키는 방향으로 교수범 및 학습 내용을 수정하는데 목적이 있다. 따라서 형성평가의 결과는 학습 내용을 포함한 교수법 운영과 활동을 분석해 문제점을 찾아내고 프로그램의 내용을 수정, 변경하거나 유지, 확대의 여부를 결정하는데 유용하게 사용될 수 있다.

(3) 총괄 평가(Summative evaluation)

일정 기간의 수업이 끝난 후 그 동안의 교수·학습과정 성과와 프로그램의 성과를 총괄적으로 측정하는 평가이다. 총괄평가는 교육 목표를 달성하였는가의 여부를 평가하는 것으로 목표 지향적 평가에 해당한다. 또는 교수법이나 프로그램 적용 이후 교육생들의 성취도를 포함한 프로그램의 효과, 효율성 등의 결과를 종합적, 총괄적으로 점검하는 활동이라고 볼 수 있다. 따라서 총괄 평가에서는 구체적이고 측정 가능한 질적, 양적인 성과를 평가하게 되며, 총괄 평가의 결과는 목적에 따라 상대평가의 형태로 진행되어 학습자를 분류, 선별하는데 쓰일 수 있다.

3) Evaluation 4단계

평가는 다음의 4가지 단계를 포함한 순환 과정의 연속으로 진행될 수 있다.

(1) 준비 단계(Preparation)

평가의 가장 기초적인 단계로 교육생이 어떤 그룹이냐에 따라 사용될 평가의 방법(진단평가, 형성평가, 총괄평가)을 선택하여 교육생의 학습 결과를 판단한다. 즉 학습평가는 다양한 환경에서 가장 적절하고 타당성이 있는 평가도구를 선택하는 것이 중요하며, 특히 학습 평가를 하는 관점에서 절차 및 평가의 목적과 관련된 각종 요소들을 고려하여 선택하는 것이 중요하다.

(2) 예비 평가단계(Assessment)

교육지는 정보 수집 기술을 식별, 구축함으로써 교육생의 학습 과정에 대한 정보를 수집하여 교육생 집단에서 나올 수 있는 평가 결과를 예측하여 평가 도구를 결정한다.

(3) 평가 단계(Evaluation)

결정된 평가 도구를 이용하여 교육생을 평가하되 전형적인 구술이나 단답형의 질문은 피하여야 한다.

(4) 결과의 반영 및 피드백 단계(Reflection)

학습 과정에서 시행된 여러 가지의 평가 도구을 이용한 평가의 내용을 사후에 학습과정에 반영하거나 다음의 교과 과정 수립 시 반영한다. 교육생에 대한 학습 결과가 예측되지 않은 경우 다른 방법을 통해 보충, 재교육을 실시하는 것도 좋은 방법이다.

4) 효과적인 Evaluation

효과적인 평가란 연속적인 평가의 과정에서 이루어질 수 있으며 단순히 수업의 종료와 학습 전체 과정 종료시 얻어지는 결과물을 통해서만 판단해서는 안된다. 효과적인 평가란 전체적인 교과 과정의 모든 측면에서 고려하되 적절하고 유용한 데이터의 제공, 학습 과정의 측정, 결과에 대한 효과를 판단하기 위한 절차로 평가가 이루어져야 한다. 평가의 4가지 단계)에서는 진단, 형성 및 총괄 평가의 방법이 포함되어야 한다.

평가에 있어서 그 과정의 학습목표를 달성하였는가를 판단하는데 가장 적절한 도구를 선택하는 것은 교육자의 역할이다. 단지 '시험(test)'이라는 것을 평가도구로 선정하면 교육생의 수업 결과만을 측정한다는 것이지 그 학습 전체 과정에 개개 단계별 이해도나 그 교육과정 이후 학습의 내용을 실무에 적용시킬 수 있는지의 여부 확인에는 한계가 있다.

교과목의 평가에서 교육생 개개인의 평가도구는 일반적으로 시험과 실험, 실습, 프로젝트 등 다양한 방법이 있을 수 있다. 또한 교육 프로그램의 평가도구에는 설문지 조사, 포트폴리오, 인터뷰 등을 통해 분석할 있다. 결국 평가도구는 학생 개인과 교육 프로그램의 종류에 관계없이 일정한 시간이 경과한 후 교육의 효과를 측정하는 수단이다.

2.3 평가 도구

1) 평가 도구의 중요성

평가도구는 교육기관 상황에 따라 다양한 형태 혹은 독창적으로 현실적인 도구를 사용하여 측정하는 것이 바람직하다. 어떤 또는 얼마나 좋은 측정도구를 사용하는가에 따라 학습성과의 측정결과가 다르게 나타날 수 있기 때문이다. 각 학교 및 교육기관의 상황이 서로 다르고 평가의 주체나 객체의 상황에 따라 다양한 평가 도구가 있을 수 있고 그에 따른 다양한 분석 결과를 얻을 수 있기 때문이다. 또한 이러한 다양한 평가도구를 통한 학습성과 평가는 각 학교의 상황과 실정, 환경을 통하여 개선될 수 있다.

2) 평가 도구

일반적으로 한국의 교육 환경에서 평가도구는 시험(Test)이라는 단어나 용어에 길들여져 있다. 비교적 객관적이라는 평가를 받으면서 학교 사회에 정착된지 오래이다. 그러나 단순한 시험만으로는 학생 개인과 교육과정의 성숙도와 교육결과를 엄격히 측정하는데 한계가 있다. 다양한 평가 도구를 적용하는 것이 바람직하고 특히 채점기준을 통한 다차원적인 평가가 되도록 고려해야 한다.

학습성과를 측정할 때 2가지 방법을 생각할 수 있다. 우선 교육과정을 평가하기 위해 평가도구의 적용방법인 직접적인 방법과 간접적인 방법이 있다. 직접적인 방법으로는 학생 개인 기준에 근거하여 시험(Test)과 프로젝트, 논문과 리포트, 작문시험 등을 살펴 볼 수 있으며, 간접적인 방법으로는 교과과정에 근거한 자체 보고서 평가나 인증 기준에 근거한 여러 가지의 학습성과를 체계적으로 평가할 수 있다.

또한 학습성과는 IMO Model Course에서 제시 하듯이 교육과정 중 평가를 진행하는 형성적 평가 방식과 과정 수료 직전의 종합적 평가를 하는 총괄적 평가 방식으로 구분할 수 있다. 또한 이러한 'Leadership and Teamwork' 과정에서 교육생들을 평가하는 평가방법으로 다음과 같은 것이 있다.

(1) 설문지법
(2) 현장 시현
(3) 모의 실험
(4) 학생들의 포트폴리오 수집
(5) Case study
(6) Role play

평가

- 평가자는 평가 내용에 제시되어 있는 내용을 성공적으로 수행할 수 있는지를 평가해야 한다.
- 평가자는 다음 사항을 평가해야 한다.

학습 내용	평가 항목	성취수준		
		상	중	하
학습평가 목적에 대한 이해	- 학습평가의 목적			
평가기준과 방법에 대한 이해	- 평가기준에 대한 이해 및 발표			
	- 평가방법에 대한 이해			
전체적인 교육 내용에 대한 이해	- 리더십 및 팀워크 교육에 대한 포트폴리오			
	- Role Play를 통한 자신의 역할에 대한 이해도			

태도 변화

- 지금까지의 학습내용을 정리하면서 나의 변화를 위한 내용들을 정리해 봅시다.

새로 할 것 / 개선해야 할 것	버려야 할 것 / 줄여야 할 것

| 저자 약력 |

• 목포해양대학교

정창현 : 한국해양대학교 졸업, 한국해양대학교 대학원(공학박사), 목포해양대학교 항해학부 교수
남택근 : 한국해양대학교 졸업, 동경공업대학 대학원(공학박사), 목포해양대학교 기관시스템공학부 교수
남정길 : 한국해양대학교 졸업, 한국해양대학교 대학원(공학박사), 목포해양대학교 기관시스템공학부 교수

• 해영선박(주)

이상인 : 한국해양대학교 졸업, 해영선박(주) 기관장, 해영선박(주) Training Center 교수
이인길 : 한국해양대학교 졸업, 한국해양대학교 대학원(공학석사), 해영선박(주) Training Center 교수

• (주)지마린서비스

김한결 : 목포해양대학교 졸업, (주)한진해운 일등항해사, (주)지마린서비스 전임강사
박경민 : 한국해양대학교 졸업, 해영선박(주) 일등항해사, (주)지마린서비스 전임강사

리더십과 팀워크

2019년 1월 25일   초판 인쇄
2022년 4월 30일   3쇄 발행

저 자   정창현 외
펴낸이   한 신 규
편 집   이 은 영
표 지   이 미 옥
펴낸곳   문현출판
주 소   서울특별시 송파구 동남로 11길 19(가락동)
전 화   Tel. 02.443.0211, Fax. 02.443.0212
E-nail   mun2009@naver.com
등 록   2009년 2월 23일(제2009-14호)

ⓒ정창현 외, 2022
ⓒ문현, 2022, printed in Korea

ISBN : 979-89-87505-18-1 03320   정가 14,000원

본 결과물은 교육부와 한국연구재단의 재원 지원을 받아 수행된 사회맞춤형 산학협력 선도대학(LINC+) 육성사업의 연구결과입니다.